ファイナンシャルプランナーと家庭科教師が考えた

やりくりべたのための 家計管理術

ライフマネー研究会=編
島貫正人・鈴木佳江=著

封筒管理で
家計を変える！
封筒 7 枚セット付

P(Plan)・D(Do)・S(See)で実践！
かんたん家計管理
♪Plan (計画)
現状を知って予算を組む
♪Do (実行)
封筒7枚で予算を実行
♪See (振り返りと再挑戦)
改善してもう一度挑戦

PDSサイクルで
やりくりの
コツをつかむ！

❀ もくじ ❀

はじめに 4
「やりくりべたのための家計管理術」4つのポイント 6
「やりくりべたのための家計管理術」はこんな人にオススメ！ 8

ＳＴＥＰ１（Plan） 現状を知って予算を組む 9

- １か月の収入を把握する 10
- １か月の支出を把握する 14
- 収支状況をチェックする 22
- 目標を立てる 24
- 改善プランを検討する 28
- 費目別 改善＆節約のポイント 32
- 改善プランを決定する 38
- ＳＴＥＰ１（Plan）Q&A 40

ＳＴＥＰ２（Do） ７枚の封筒で予算を実行する 43

- ７枚の封筒の役割を把握する 44
- 封筒管理をスタートする 48
- ＳＴＥＰ２（Do）Q&A 51

ＳＴＥＰ３（See） 封筒管理の結果を振り返る 53

- １か月を振り返る 54
- Ｐ・Ｄ・Ｓサイクルで再挑戦 56
- ＳＴＥＰ３（See）Q&A 59

家計管理術成功への７か条 65
おわりに 75

❀ かんたん節約アイデア ❀

食費の節約アイデア・・・・・・・・・・・・・60
水道光熱費の節約アイデア・・・・・・・・・・62

❀ COLUMN ❀

給料明細書をしっかりチェック！・・・・・・・11
ボーナスについての考え方・・・・・・・・・・12
人生の三大資金って？・・・・・・・・・・・・26
ライフイベントと貯蓄・・・・・・・・・・・・27
クレジットカードのメリット・デメリット・・・34
上手な買い物で賢く節約・・・・・・・・・・・37
支出3を制すれば封筒管理は成功！・・・・・・・49

❀ ワークシート ❀

やりくり検討シート・・・・・・・・・・・・・13
支出記録表・・・・・・・・・・・・・・・・・18
支出対策シート・・・・・・・・・・・・・・・29
年間イベントシート・・・・・・・・・・・・・42
振り返りシート・・・・・・・・・・・・・・・55
封筒管理シート・・・・・・・・・・・・・・・68

＜付録＞

封筒7枚セット
ライフイベントと資金計画シート

はじめに

「月末になると、どうして私だけお金が足りなくなるの？」

そんな、"私だけ"と嘆いている多くの「やりくりべた」にこの本を贈ります。本書は、人生の主役である私たち自身が、豊かで充実した生活を営むために、お金という限りある資源の使い方のヒントをつかんでいただくことを目的としています。そして、豊かで充実した生活とは、目標や夢の実現に向かっていきいきと暮らしていくことでもあるのです。でも、自分の足元を見つめてみると住宅ローンの返済や子どもの教育費など、お金のかかることばかりだし、将来を考えても、少子高齢化で頼りの公的年金もあてになりそうもない。老後に必要な日常生活費をみて、呆然としてしまう人も多いのではないでしょうか。"いきいきと暮らす"というより、逆に不安が募るばかりというのが本音かもしれません。

「じゃあ、どうすればいいんだ！」という声が聞こえてきそうですが、少し角度を変えて考えてみましょう。ひょっとしたら今までのライフスタイルを見直すチャンスかもしれません。自分の価値観を再確認できるチャンス、本当に必要なものや本当に大切なものを見つけるチャンスととらえることはできないでしょうか。

この機会に、いわゆる家計の生活習慣病を見直してみるのもよいですし、家族で一致団結して問題を考えてみるのもよいかもしれません。今まで絶対に節約できないと思っていたものでも、見方を変えたら意外とそうではなかったり、新しい発見があるかもしれません。そしてその気づきや発見は、将来に向けてきっとあなたの財産になるはずです。

　この「家計管理術」は、そんなあなたに向けて、今の収入の中での上手なやりくり方法を提案しています。最初に予算を立ててしまうので、従来の家計簿とは逆転の発想といえますし、優先順位をつけて管理することでお金に振り回されずにすみます。コツは毎日のちょっとした「我慢とがんばり」だけ。階段を一段上ると風景が少し違って見えるように、小さな一歩が新しい発見を生み、Plan（計画）・Do（実行）・See（振り返りと再挑戦）のサイクルをあきらめずに続けることで、目標や夢の実現も遠い話ではなくなります。

　この本は、家計簿ではないし節約本でもありません。お金の使い方の習得を通して、不器用でも、あなたなりに素敵に生きていくために大切なことを考える参考書にしてもらえたら、私たちにとっても大きな喜びです。

２０１７年８月吉日

ライフマネー研究会

島貫正人　鈴木佳江

『やりくりべたのための家計管理術』

4つのポイント

Point 1　P・D・Sサイクルで封筒管理を実践！　やりくりのコツをつかむ！

　本書で紹介する家計管理術は、Plan(計画)・Do（実行）・See（振り返りと再挑戦）のステップにのっとり家計改善を進めていきます。ステップ1（Plan）では、1か月間で家計費の現状把握を行ったあと、それをもとに貯金の目標をはっきりと決めたうえで、最初に改善プラン（予算）を組んでしまいます。そして、ステップ2（Do）では、組んだ予算を本書オリジナルの封筒管理でとりあえず実行してみて、ステップ3（See）で、その結果を振り返ります。赤字になるなど、うまくいかなかったときは予算の再調整を行い、もう一度、封筒管理に挑戦します。P・D・Sサイクルによる封筒管理の実践を通して、今まで気づかなかったあなた流のやりくりのコツが見えてくるはずです。家計簿が収支の結果の把握をメインとしているのに対して、本書の家計管理術は、むしろ収支を把握したあとの作業が中心になるので、まさに逆転の発想といえます。

Point 2　支出を3つに分けて　必要最低限のお金をキープ！

　この家計管理術では、支出を3つに分けて管理します。まず、支出1（固定費）、支出2（準固定費）として計上することで、生活に必要な最低限のお金をあらかじめ確保しておくことができます。さらに、日々の暮らしの中で使うお金を支出3（流動費）として分類しています。

Point 3　　1週間のお金の管理は封筒1枚！
かんたんだから続けられる！

　ステップ2（Ｄｏ）で行う封筒管理は、支出3の管理が最大の特徴。支出3を1週間ごとに4つに分け、週の初めに1週間分の予算を財布に入れてしまって、そのお金で日々のやりくりをするという方法です。そうすればいちいち、それぞれの費目の封筒からお金を抜き出すことをせずに管理できます。今までの封筒分けでは、たとえばＰＴＡの役員と食事会をしたとすると、食事は交際費、ファミレスまでのバスや電車代は交通費、そして、帰りに今夜のおかずを買うと食費になるので、帰宅してから、それぞれの封筒からお金を抜き出したり戻したりと煩雑な作業になってしまいます。ここで紹介する封筒管理は、費目としては交際費、活動交通費、副食費（おかず代）に分けてはいますが、それらを日々の暮らしの中で使うお金として支出3としてまとめてしまうので、いちいち細かな出し入れに煩わされずにすみます。また、1か月単位のやりくりでは、月初めのちょっとしたつまずきで挫折してしまうこともありますが、1週間単位なら、次の週までのちょっとした「我慢とがんばり」でリセットできます。決められたルールを守ってさえいれば、絶対に赤字にならない方法です。

Point 4　　自らお金を管理することで
達成感が得られる！

　予算を管理するというプロセスを通して、使い方の偏りを把握することができます。また、予算を組むという行為は、お金に管理されるのではなく、お金を自ら管理するという感覚を実感できるので達成感が得られます。1か月間管理できたという実績は、小さな成功体験と言い換えることができます。その小さな成功体験が次の月へのモチベーションにつながり、楽しく続けることができます。

やりくりべたのための家計管理術は

こんな人にオススメ！

- 家計簿が続かなかった人、つけたことがない人
- 家計簿をつけているだけの状態になっている人

　毎日の面倒な記帳が不要で、家計管理で一番大切な"やりくりの仕方"そのものがわかるので、家計簿でうまく家計が管理できなかった人も大丈夫！もちろん、家計簿と併用してもOKです。

- やりくりが行き詰まって、なんとかしなくちゃと思っている人
- 贅沢をしているわけではないのに、お金が貯まらない人

　家計のムダ・ムラ・ムリが見えてくるので、優先順位がつけやすく、効率的な家計管理ができます。予算を立てることで、冷静に家計を見直すきっかけができるのも大きなポイント！

- これから一人暮らしを始めようと思っている人
- これから年金生活になる人

　初めての一人暮らしや年金生活では、今までの生活実感をがらりと変える必要があります。限られた収入を効率的に使う習慣と、家計管理の基本を身につけることができるので安心！

- 将来の計画が立てられない人
- 将来の出費に対して漠然と不安を感じている人

　ライフイベントを見据えて貯金の計画を組むので、目標に向かって毎日の生活をコーディネートすることができます。漠然としたものをきちんと数字でとらえることがポイント！

STEP1（Plan）
現状を知って予算を組む

定期的な収入は毎月どれくらいあって、
どんなものに、どれだけお金を使っているのか・・・。
今の暮らしを見つめることが、家計管理の第一歩。
貯金の目標をはっきり決めたうえで、その達成に向けて
収支の改善プラン（予算）を組んでいきます。

❀ 1か月の収入を把握する ❀

「1か月に使えるお金はいくらなのか？」ということを
知っておかなくては、家計を管理することはできません。
まず、1か月の定期収入の中で、実際に使うことができるお金を把握しましょう。

● 定期収入をチェック！

　この家計管理術は、まず、**現状をきちんと把握することからスタート**します。はじめに収入をチェックします。

　収入は、支給額から社会保険料や税金などを差し引いた「手取り収入」としますが、1年の間では、残業の多い月や少ない月、季節によって収入が変動することもあるので、ここでは、**最も平均的な月の収入**を計上します。パートやアルバイトの収入は、定期的な収入になっている場合のみ記入します。何か月分かまとめて支払われる場合は、1か月分に計算し直してから計上します。実際の家計管理では、その月の収入が平均より多い月は、余剰分を貯金しておき、少ない月に振り分けます。

　すべての収入を「やりくり検討シート」（P.13）現状欄の「収入」に記入し、「収入合計」を出します。

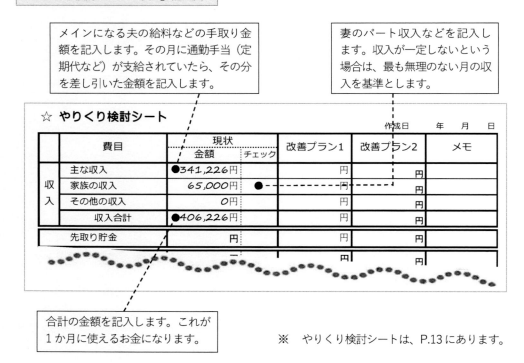

やりくり検討シート「収入」記入例

メインになる夫の給料などの手取り金額を記入します。その月に通勤手当（定期代など）が支給されていたら、その分を差し引いた金額を記入します。

妻のパート収入などを記入します。収入が一定しないという場合は、最も無理のない月の収入を基準とします。

合計の金額を記入します。これが1か月に使えるお金になります。

※　やりくり検討シートは、P.13にあります。

STEP 1 (Plan) 現状を知って予算を組む

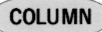 **給料明細書をしっかりチェック！**

　給料明細書の詳細を、きちんと確認するのが収入チェックの第一歩です。漠然と手取り額を見るだけでなく、明細書の見方を覚えて、どんな項目からどれくらい引かれているのかも知っておくとよいでしょう。明細書は、支給項目、控除項目、勤怠項目に分かれています。

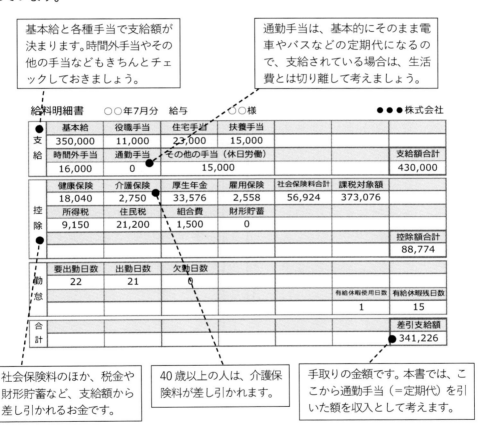

- ■ 基本給　　：職種、勤務年数、年齢などをもとに決められるベースとなる賃金。
- ■ 各種手当　：基本給の他に諸費用として支払われる賃金。役職手当、住宅手当、扶養手当、時間外手当など。時間外手当は変動するので確認しておきましょう。
- ■ 社会保険料：健康保険料、厚生年金保険料、雇用保険料などの総称。家族や個人では支えきれない生活の不安に対応するための社会制度としての保障費。
- ■ 税金　　　：所得税、住民税。所得税は所得額に応じて課税され、給料から源泉徴収されます。年末調整で還付される場合があるのでチェックしましょう。

ボーナスについての考え方

　住宅ローンの返済や教育費（学資保険などで足りない分）、各種の税金の支払いにボーナスをあてている人も多いはず。なくてはならない所得といっても過言ではありません。さらに、月々の生活費の不足分をボーナスで補うというやりくりをしている人が多いのも現実ですが、ボーナスは会社の業績などで減額されることもあるので、あまりあてにしすぎるのは危険です。したがって、**ボーナスはないものとしてとらえ、月々のやりくりのなかでがんばることを基本とすべき**、という考え方がサラリーマン家庭のリスク管理といえるのではないでしょうか。そこで、ひとつの目安として、ボーナスから支出するものと月々のやりくりで確保しておきたいものを整理してみました。

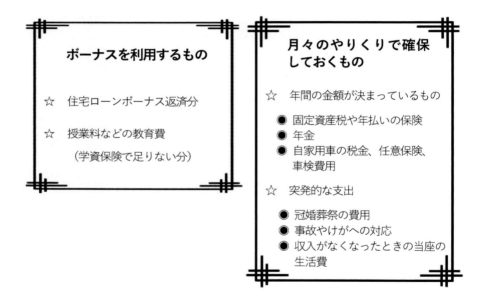

　税金や保険など、年間の金額がわかっているものは、12で割って、月々のやりくりの中でプールしておきます。さらに、突発的な支出に関しては、ある程度のリスクを想定して、できる限り月々のやりくりの中から貯金しておいて対応します。

STEP 1 (Plan) 現状を知って予算を組む

☆ やりくり検討シート

作成日　　年　　月　　日

	費目	現状		改善プラン1	改善プラン2	メモ
		金額	チェック			
収入	主な収入					
	家族の収入					
	その他の収入					
	収入合計					
	先取り貯金					
支出1	住居費					
	水道光熱費					
	通信費					
	教育費					
	社会生活費					
	返済金					
	支出1計					
支出2	主食費					
	調味料費					
	日用雑貨費					
	被服理美容費					
	保健医療費					
	こづかい					
	雑費					
	支出2計					
支出3	外食費					
	副食費					
	嗜好食品費					
	教養娯楽費					
	交際費					
	活動交通費					
	支出3計					
	支出合計 （支出1＋2＋3）					
	残金 （収入合計－貯金－支出合計）					

チェック欄：節約できそう→○　　がんばれば節約できるかも→△　　節約なんて絶対に無理→×

（単位：円）

※コピーをして使ってください

🌸 1か月の支出を把握する 🌸

生活していくには、さまざまなお金が必要になりますが、
ここでは、毎月どんなものに、どれくらいのお金が使われているのかを確認します。
ここは重要なポイントなので、しっかりチェックしましょう。
家計簿をつけている人は、大いに参考にしましょう！

● 支出を3つに分類する

「やりくりべたのための家計管理術」は、費目を大きく3つに分類し、社会生活を送るための優先度順に支出1～3としてまとめて管理するのが特徴です。そうすることで、予算を立てて家計を管理することが、わかりやすくかんたんになります。まずは、3つの分類について理解しましょう。

社会生活を送るための優先度　高←→低

支出1　1か月の間に必ず使うお金

家賃や月々のローン、水道光熱費など、1か月に一度、必ず支出するお金です。ケイタイ、スマホ、固定電話、インターネットなどの通信費のほか、生命保険や教育費など、社会生活を送るために必要なお金です。

支出2　必ずではないが1か月の間に使うお金

日々の暮らしの中で使うお金の中でも、ほぼ定期的に必要になるお金です。石けんやトイレットペーパーなどの日用雑貨費や、洋服や美容院などの被服理美容費のほか、主食費や調味料などの食費の一部もここに含まれます。

支出3　日々の暮らしの中で使うお金

外食費、教養娯楽費、嗜好食品費など、日々の暮らしのなかで使うお金です。食費の中でもおかず代にあたる費用は副食費としてここに入れます。この支出3の管理が「やりくりべたのための家計管理術」のポイントのひとつです。

● 支出記録表を使って1か月間だけ調べる

支出状況の把握は、家計管理の第一歩。**支出記録表を使って**あらためて調べてみましょう。**調べるのは1か月間だけ。**この本を手に取った翌月をチェック期間とするとよいでしょう。給料日の次の日からスタートします。支払いをしたら、そのつど支出記録表に記入し、月の最後に費目ごとの合計を出します。なお、費目によっては、その月に多めに買って翌月に繰り越したり、逆に少ないケースがあると、月の合計を出しただけでは実態がわかりにくいので、繰り越す期間の増減分を見越して均等にするなどの調整を行って1か月の支出額を決定します。さっそく、支出1からチェックしていきましょう。

STEP 1（Plan） 現状を知って予算を組む

● 支出1をチェックする

　支出1は、住居費や水道光熱費、通信費など「**1か月の間に必ず使うお金**」です。ほとんどが固定費で、すでに金額がわかっている住居費、通信費、教育費、社会生活費、返済金は請求書や通帳などから転記すればOKです。支払いが発生したら、忘れないように、その日のうちに支出記録表に記入します。1か月分が記入できたら、各費目の合計金額を出し「費目合計」欄に記入します。「調整結果」欄には、水道料金のように2か月に1度の支払の場合に、1か月分に計算し直すなどの調整を行った金額を記入します。

支出1に含まれる費目

- **住居費**・・・・・住宅ローン、家賃、共益費、駐車場代など
- **水道光熱費**・・・電気、ガス、水道
- **通信費**・・・・・固定電話、携帯電話、インターネット、切手、宅配便など
- **教育費**・・・・・授業料、塾、給食費、通学定期代、教材費など
- **社会生活費**・・・各種会費、税金、年金、生命保険、仕送りなど
- **返済金**・・・・・銀行などの借り入れ、クレジットカードの利用など

※ 社会生活費：本書のオリジナル費目。「社会とつながるためのお金」という意味で使っています。税金、生命保険、損害保険、家族への仕送りのほか、国民年金や国民健康保険を支払う場合もこの費目に入れます。

支出記録表「支出1」記入例

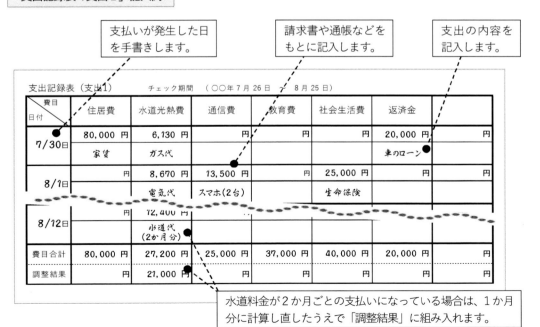

水道料金が2か月ごとの支払いになっている場合は、1か月分に計算し直したうえで「調整結果」に組み入れます。

● 支出２、支出３をチェックする

　支出２は、主食費や日用雑貨費など**「必ずではないが１か月の間に使うお金」**で、支出３は、副食費（毎日のおかず代）や嗜好食品費など**「日々の暮らしの中で使うお金」**です。ほぼ毎日、出ていくお金なので、使うたびに支出記録表にチェックします。家計簿をつけていれば参考にしてください。チェックの基本は、買い物をしたら必ずレシートをもらい、その日の終わりにレシートを見ながら**費目ごとに振り分けて金額を記入すること**。レシートの出ない自動販売機や電車賃なども必ずチェックします。何に使ったのかをできるだけ具体的に書いておくと、あとで改善プランを検討するときの参考になります。１か月分が記入できたら、各費目の合計金額を出し「費目合計」欄に記入します。「調整結果」欄には、"まとめ買いをして翌月に繰り越す"などのケースで、均等に配分するといった調整を行った金額を記入します。

支出２に含まれる費目

- 主食費・・・・・米、パン、麺類など主となる食材
- 調味料費・・・・砂糖、塩、酢、醤油、味噌、だし、みりん、香辛料など
- 日用雑貨費・・・石けん、トイレットペーパー、ティッシュペーパーなど
- 被服理美容費・・洋服、下着、理美容、クリーニング、化粧品など
- 保健医療費・・・市販の薬代、病院代など
- こづかい・・・・夫、妻、子どもなど
- 雑費・・・・・・定期購読雑誌、新聞代、ガソリン代、ＮＨＫ受信料など
　　　　　　　　（他の費目に当てはまらない支出）

支出３に含まれる費目

- 外食費・・・・・ファミリーレストラン、ファストフード、コンビニ弁当など
- 副食費・・・・・毎日のおかず代、おやつ
- 嗜好食品費・・・酒類、お茶、コーヒーなど（こづかい以外での支出）
- 教養娯楽費・・・趣味のための費用（こづかい以外での支出）
- 交際費・・・・・友人との食事代など（こづかい以外での支出）
- 活動交通費・・・定期代以外の交通費

STEP1（Plan）現状を知って予算を組む

支出記録表「支出2」記入例

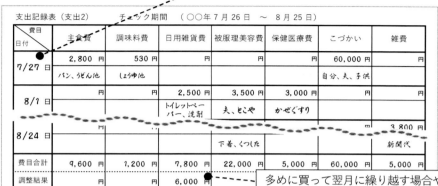

支払いが発生した日を手書きします。

多めに買って翌月に繰り越す場合や逆に少ない場合に、繰り越す期間の増減分を見越して、均等に配分するなどの調整を行った結果を記入します。

支出記録表「支出3」記入例

給料日の翌日をスタート日として、1か月間の日付を最初に書いてしまいます。月の前後半で2枚のシートを使います。

レシートの出ない電車賃や自動販売機で買った物も忘れずにチェック！

何に使ったのかをメモしておくと、後で確認ができます。

調整した結果を記入します。

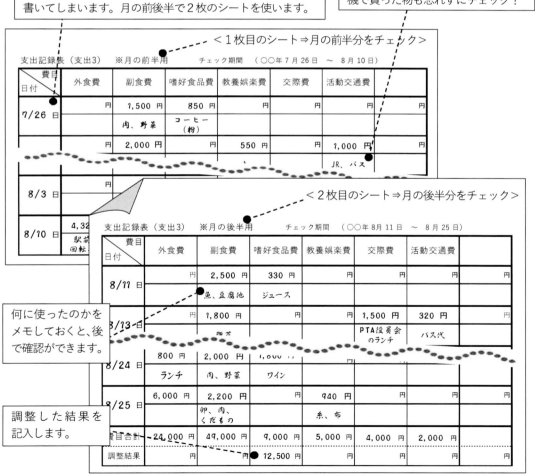

支出記録表(支出1)　　チェック期間(　　年　　月　　日～　　月　　日)

費目＼日付	住居費	水道光熱費	通信費	教育費	社会生活費	返済金	
日	円	円	円	円	円	円	円
日	円	円	円	円	円	円	円
日	円	円	円	円	円	円	円
日	円	円	円	円	円	円	円
日	円	円	円	円	円	円	円
日	円	円	円	円	円	円	円
日	円	円	円	円	円	円	円
日	円	円	円	円	円	円	円
日	円	円	円	円	円	円	円
日	円	円	円	円	円	円	円
日	円	円	円	円	円	円	円
日	円	円	円	円	円	円	円
費目合計	円	円	円	円	円	円	円
調整結果	円	円	円	円	円	円	円

※コピーをして使ってください

STEP 1 (Plan) 現状を知って予算を組む

支出記録表（支出2）　　チェック期間（　　　年　　月　　日 ～　　月　　日）

費目 / 日付	主食費	調味料費	日用雑貨費	被服理美容費	保健医療費	こづかい	雑費
日	円	円	円	円	円	円	円
日	円	円	円	円	円	円	円
日	円	円	円	円	円	円	円
日	円	円	円	円	円	円	円
日	円	円	円	円	円	円	円
日	円	円	円	円	円	円	円
日	円	円	円	円	円	円	円
日	円	円	円	円	円	円	円
日	円	円	円	円	円	円	円
日	円	円	円	円	円	円	円
日	円	円	円	円	円	円	円
日	円	円	円	円	円	円	円
費目合計	円	円	円	円	円	円	円
調整結果	円	円	円	円	円	円	円

※コピーをして使ってください

支出記録表（支出3） ※月の前半用　チェック期間（　　　年　　月　　日　～　　月　　日）

費目 日付	外食費	副食費	嗜好食品費	教養娯楽費	交際費	活動交通費	
日	円	円	円	円	円	円	円
日	円	円	円	円	円	円	円
日	円	円	円	円	円	円	円
日	円	円	円	円	円	円	円
日	円	円	円	円	円	円	円
日	円	円	円	円	円	円	円
日	円	円	円	円	円	円	円
日	円	円	円	円	円	円	円
日	円	円	円	円	円	円	円
日	円	円	円	円	円	円	円
日	円	円	円	円	円	円	円
日	円	円	円	円	円	円	円
日	円	円	円	円	円	円	円
日	円	円	円	円	円	円	円
日	円	円	円	円	円	円	円

※コピーをして使ってください

STEP 1 (Plan) 現状を知って予算を組む

支出記録表（支出3） ※月の後半用　チェック期間（　　　年　　月　　日～　　月　　日）

費目 日付	外食費	副食費	嗜好食品費	教養娯楽費	交際費	活動交通費	
日	円	円	円	円	円	円	円
日	円	円	円	円	円	円	円
日	円	円	円	円	円	円	円
日	円	円	円	円	円	円	円
日	円	円	円	円	円	円	円
日	円	円	円	円	円	円	円
日	円	円	円	円	円	円	円
日	円	円	円	円	円	円	円
日	円	円	円	円	円	円	円
日	円	円	円	円	円	円	円
日	円	円	円	円	円	円	円
日	円	円	円	円	円	円	円
日	円	円	円	円	円	円	円
日	円	円	円	円	円	円	円
費目合計	円	円	円	円	円	円	円
調整結果	円	円	円	円	円	円	円

※コピーをして使ってください

❀ 収支状況をチェックする ❀

1か月間、支出をチェックしてみてどうでしたか？
今まで何気なく使っていた目に見えないお金が見えてきたのではないでしょうか。
最後に、現在の収支状況を確認してみましょう。

● やりくり検討シートの「現状」を完成させる

　支出記録表（支出1～3）のそれぞれの費目合計（調整を行った場合は「調整結果」）を、一番初めに収入を記入した「やりくり検討シート」の現状欄に記入します。表に従って合計欄も埋め、最後に「残金」を計算します。調整した費目がある場合は、手元に残った実際のお金と少し違いがあるかもしれませんが、この**「残金」が"0円"の場合は、収支が同じ、"マイナス"なら赤字、"プラス"なら黒字**ということになり、今のあなたの家計状況を示しています。「赤字になっちゃった！」「もう少し余裕があると思ったけど・・」「黒字だけど費目の偏りが気になる」など、いろいろな感想があるとは思いますが、数字としてきちんと現状をとらえることは、とても大切な作業といえます。

やりくり検討シート「現状」記入例

☆ やりくり検討シート　　　　　　　　　　作成日

	費目	現状 金額	チェック	改善プラン1	改善プラン2
収入	主な収入	341,226円			
	家族の収入	65,000円			
	その他の収入	0円			
	収入合計	406,226円			
	先取り貯金	0円			
支出1	住居費	80,000円			
	水道光熱費	21,000円			
	通信費	25,000円			
	教育費	37,000円			
	社会生活費	40,000円			
	返済金	20,000円			
	支出1計	223,000円			
支出2	主食費	9,600円			
	調味料費	1,200円			
	日用雑貨費	6,000円			
	被服理美容費	22,000円			
	保健医療費	5,000円			
	こづかい	60,000円			
	雑費	5,000円			
	支出2計	108,800円			
支出3	外食費	24,000円			
	副食費	49,000円			
	嗜好食品費	12,500円			
	教養娯楽費	5,000円			
	交際費	4,000円			
	活動交通費	2,000円			
	支出3計	96,500円			
	支出合計（支出1＋2＋3）	428,300円			
	残金（収入合計－貯金－支出合計）	-22,074円			

チェック欄：節約できそう→○　　がんばれば節約できるかも→△

- 財形貯蓄など、いまの定期的な貯金額を記入します。
- 空欄には特別にチェックしておきたい「オリジナル費目」を手書きします。
- 支出2、支出3のそれぞれの費目の金額を支出記録表の費目合計（または調整結果）から転記します。支出2、支出3の合計を出します。
- 支出合計を出します。
- 収入合計から、支出合計と先取り貯金を引いた金額です。支出金額を調整した場合は、実際に手元に残っているお金と相違することがあります。
- 残金を確認します。この例では、残念ながら赤字になっています。

現状を把握することが、家計管理の第一歩。あらためて、ここでのポイントを確認しましょう！

支出を把握するときのポイント

☆ 支出記録表を使った細かな作業は1か月間だけ。現状を正確に把握する。とにかく1か月間は頑張って続けてみる。

☆ 支出記録をつけている間は、普段通りの生活でOK。

☆ まとめ買いしたり、数か月分を一度に支払うものは、繰り越す期間の増減分を見越して均等にするなどの調整を行ったうえで1か月の支出額を決める。

☆ 銀行から口座引き落としになっているものは、記帳して、できるだけ正確な金額を記入する。

支出記録表を続けるためのポイント

☆ 毎日つけること。まとめてつけようとすると、何を買ったのかわからなくなり、続けられなくなる。とにかく、1か月間だけ毎日続ける。

☆ レシートは必ずもらう。1日のチェックが終わったら、ホッチキスでとじて箱などに入れておくと、あとで必要な時に確認ができる。

☆ レシートの出ないもの、たとえば自動販売機で買った缶コーヒーや電車賃は、手帳やメモに書きとめておく。

🌸 目標を立てる 🌸

現在の収支状況を見直して改善プランを検討する前に、
何を目標に節約や貯金をするのかを先に決めてしまいましょう。
まずは、家族のライフイベントを書き出してみるところからスタートします。

● 将来のライフイベントをチェック

"将来のお金"を考えるとき、できれば老後資金までを視野に入れたいところですが、かなりの長期プランになってしまい、「まだ実感がわかない！」ということになりかねません。そこで、たとえば、**「子どもが大学を卒業する年まで」といった節目の期間までのプランを考えてみるのもよいのではないでしょうか。**ここでは、１２年後までを目途に家族のライフイベントを考えます。「ライフイベントと資金計画シート」は、家族全員の将来の予定やイベントとそのための資金手当てを、時系列に一覧にまとめたものです。最初に家族の名前とそれぞれの年齢を記入してみましょう。これだけでも、いろいろなことが見えてくるはずです。イベント欄には、たとえば、住宅の購入や自動車の買い替え、子どもの進学スケジュール、旅行などでまとまった資金が必要になるイベントを記入します。「ライフイベントと資金計画」の作成は、先取り貯金の目標を決めるための大切な作業になります。記入例を参考にして作ってみましょう。

ライフイベントと資金計画シート　記入例

- 家族の名前を書きます。
- 家族の年齢を書きます。年始時点の年齢に統一しておくとよいでしょう。
- いつ、誰にどんなイベントがあって、どれくらいのお金が必要なのかひと目でわかります。

ライフイベントと資金計画シート　　　作成日　年　月　日

年次			2018年	2019年	2020年	2021年	2022年	2023年	2024年	2025年	2026年	2027年	2028年	2029年
家族の年齢	わたし		42歳	43歳	44歳	45歳	46歳	47歳	48歳	49歳	50歳	51歳	52歳	53歳
	夫		45歳	46歳	47歳	48歳	49歳	50歳	51歳	52歳	53歳	54歳	55歳	56歳
	長女		14歳	15歳	16歳	17歳	18歳	19歳	20歳	21歳	22歳	23歳	24歳	25歳
	長男		11歳	12歳	13歳	14歳	15歳	16歳	17歳	18歳	19歳	20歳	21歳	22歳
家族のライフイベント	家族	イベント	家族旅行（温泉一泊）		冷蔵庫買い替え		車の買い替え（頭金）				リフォーム（外装）			
		費用	10万円		30万円		50万				50万			
	わたし	イベント		夫→資格試験（教材代など）										
		費用		14万円										
	長女	イベント		高校入学（制服などへ金）	高校2年（授業料）	高校3年（授業料）	大学入学（入学金等）	大学2年（授業料）	大学3年（授業料）	大学4年（授業料）				
		費用		50万円	45万円	45万円	90万円	70万円	70万円	70万円				
	長男	イベント			中学入学（制服など）	中学2年（制教材料）	中学3年（制教材料）	高校入学	高校2年	高校3年	大学入学（入学金等）	大学2年	大学3年	大学4年	一人暮らし関連費用
		費用			10万円	10万円	10万円	50万円	45万円	45万円	130万円				
		イベント												
		費用												
	費用合計		24万円	60万円	85万円	55万円	190万円	115万円	115万円	115万円	200万円			
資金計画	毎月のやりくり（節約）		24万円	36万円	48万円	48万円	48万円	48万円	48万円	48万円	60万円	60万円	60万円	60万円
	貯金			24万円	37万円	7万円			67万円					
	ボーナス													
	その他						学資保険							

- イベントが重なる年を確認することができます。
- 必要な資金の山と谷がわかるので、パートをいつまで続けるのかなどの目安にできます。
- 必要な資金（費用合計）を、家計費のやりくり（節約）でねん出するのか、貯金やボーナスをあてるのかなどを検討して計画を立てます。

STEP1（Plan）現状を知って予算を組む

● 年間イベントをチェック

　１２年後までのライフイベントと必要な資金が見えたところで、最初の１年の少し細かなイベントを書き出してみましょう。ライフイベントとまではいえなくても、お金のかかるイベントは少なからずあるはず。そのお金も貯金を取り崩さずに、月々の家計費のやりくり（節約）でねん出したいところです。「年間イベントシート」に、たとえば実家への帰省、家族の誕生日などのイベントや必要なお金を書き入れ、年間を通して全部でいくらかかるのか計算します。記入例では年間の合計が１２万円なので、すべてやりくりでねん出するなら、１か月で１万円の節約が必要になります。それに、冠婚葬祭などの突発的な支出に対応するためには、もう少し多めに見積もっておくことが必要かもしれません。もし無理があるのならイベントそのものや予算を見直すことも考えてみましょう。年間イベントシートは、本書のシート（P.４２）を使ってもよいし、大学ノートやパソコンなどで自分なりのオリジナルシートを作ってみるのもよいでしょう。メモ欄を広くとるなどして、気になることをどんどん書き込んでみましょう。

年間イベントシート 記入例

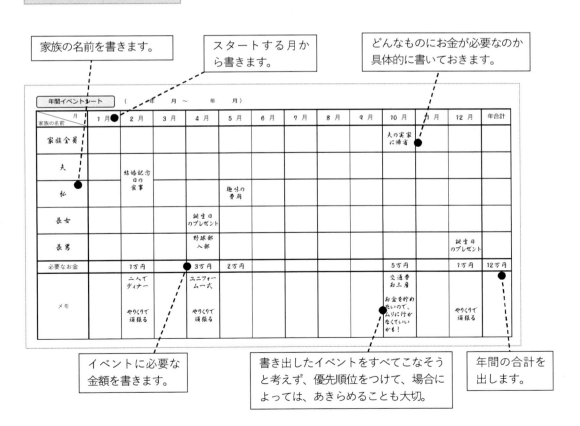

● 先取り貯金の目標金額を決める

　１２年間のライフイベントと最初の１年の年間イベントを整理してみました。長期的な資金に加え１年目に必要なお金もはっきりみえてきたのではないでしょうか。ライフイベントと資金計画シートの「毎月のやりくり（節約）」欄に計上されている資金と、年間イベントシートの「年合計」を合わせた金額が、当面の先取り貯金の目標になります。記入例（P.２４、２５）では、ライフイベントに必要な資金が２４万円、年間イベントが１２万円なので、合計で３６万円になります。突発的な支出への対応はもちろん、税金の支払い分やこれからの教育資金などを考えると、もう少しがんばっておきたいところでしょうか。でも、無理は禁物なので、やりくりで達成できそうもないなら、イベントそのものを見直すことも検討してみましょう。**イベントの取捨選択とやりくりの折り合いをつけて、**「この貯金額で行ける！」と思ったら、１２か月で割って、それを月間の先取り貯金の目標金額とします。「やりくり検討シート」改善プラン１の「先取り貯金」欄に記入しましょう。

　　　人生の三大資金って？

　人生の３大資金といわれる「住宅の購入資金」「子どもの教育資金」「老後の資金」は、資金計画の柱となるのでチェックしておきましょう。

住宅資金

家の購入資金。貯めてから買う、ローンを組む、頭金を貯めて残額をローンにするなどの方法があります。賃貸にするのももちろんOK。

＜資金の目安＞
首都圏の住宅購入価格は、建て売りが平均で約3500万円、マンションが約4300万円

教育資金

学校・塾・教材などに必要な費用。公立・私立によって必要な資金が異なります。学資保険や奨学金、教育ローンの利用も考えられます。

＜資金の目安＞
大学卒業までにかかる資金は、すべて国公立で約800万円、私立だと約2200万円

老後資金

一般的に退職後は年金が主な収入になりますが、足りない場合は、それまでの貯金と個人年金保険などの利用が考えられます。

＜資金の目安＞
老後の１か月の最低日常生活費は、平均で約22万円。ゆとりある生活は、平均で約35万円

ライフイベントと貯蓄
～ライフイベントを書き出して貯蓄の計画を立てる～

「ライフイベントと資金計画シート」の記入例（P.24）をみてみましょう。このように表にしてみると、**必要資金の山と谷がひと目でわかり**、対策についても、いつごろどれくらいのペースで貯金していけばよいのか、また、**やりくりだけで補いきれない場合には、どうすればよいのかについておおむねとらえることができます**。そして、それがはっきりすればするほど、必要以上に不安を抱えずにすみ、冷静にきちんと計画を組みさえすれば乗り切れるということがわかってきます。この例では、5年後に子どもの大学進学と高校進学が重なって、最初の山がきます。学資保険や貯金で準備しておくことはもちろんですが、奨学金を検討することや、大学生の子どもには、アルバイトをがんばってもらうなど、家族の理解と協力が不可欠になってきます。同じ年の車の買い替えは先延ばしにする必要があるかもしれません。さらにその3年後には2人の大学生を抱えることになるので、仕送りや授業料など、かなりのがんばりが必要です。そろそろ自分たちの老後資金も気になるところです。**綿密に資金計画を組むと同時に、臨機応変な対応が必要になります**。

資金計画を組む時の注意点
☆ 必要な資金のシミュレーションをしてみる。少し多めに見積もっておくほうが安心
☆ 教育費などの大きな費用は、ボーナスや貯金、学資保険の有効活用を検討する
☆ それぞれのイベントの時間差を利用して計画を組む。大きなイベントがない年こそ貯金のがんばりどころ
☆ イベントの優先順位を決める。あきらめることも立派な選択肢

イベントを考える際のポイント
☆ 一度決めたからといって固定化しない。たとえば、「ぜったいに新車！」ではなく中古車も検討してみる
☆ 周りの環境に左右されるのではなく、"背伸びせず等身大"が基本
☆ できる限り、家族と一緒に取り組む
☆ その時の状況に応じてイベントを見直す。柔軟に考えることが大切

ライフイベントと資金計画シートに我が家のライフイベントを書き込んだら、がんばって資金計画も組んでみましょう！

改善プランを検討する

収支状況をチェックしてみて、赤字になってしまった人はもちろんですが、
黒字の人も先取り貯金の目標金額を達成するためには、収支の見直しは必須です。
ここでは、消費生活の見直しを行うことになるので、あなたの発想の転換が必要。
がんばって挑戦しましょう！

● 支出対策シートで改善プランを検討する

最初に「やりくり検討シート」の支出金額を見て、「現状」のチェック欄に、節約できそうかどうか「**(節約できそう⇒○)、(がんばれば節約できるかも⇒△)、(節約なんて絶対に無理⇒×)**」のチェックを入れます。すべてにチェックが入ったら、節約できそうな費目から「支出対策シート」に、現状の金額や問題点を書き出していきます。現状と問題点が把握できれば、節約アイデアが浮かんでくるはず。そのアイデアを「改善策」欄に記入したら、**先取り貯金を確保したうえで収支が赤字にならないように**、目標金額を決めていきます。

やりくり検討シート「チェック」記入例

ひとつひとつの費目に、節約できそうかどうか「○　△　×」のチェックを入れます。

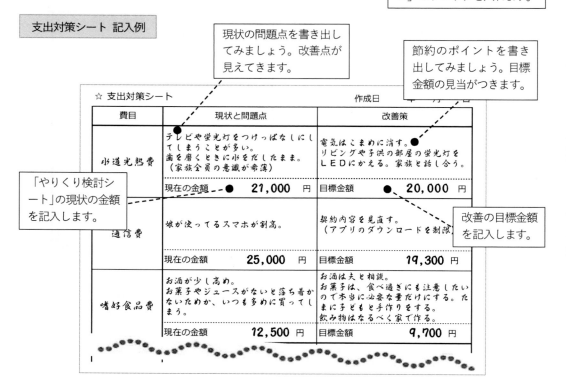

支出対策シート 記入例

現状の問題点を書き出してみましょう。改善点が見えてきます。

節約のポイントを書き出してみましょう。目標金額の見当がつきます。

「やりくり検討シート」の現状の金額を記入します。

改善の目標金額を記入します。

STEP 1 (Plan) 現状を知って予算を組む

☆ 支出対策シート

作成日　　年　　月　　日

費目	現状と問題点	改善策
	現在の金額　　　　　円	目標金額　　　　　円
	現在の金額　　　　　円	目標金額　　　　　円
	現在の金額　　　　　円	目標金額　　　　　円
	現在の金額　　　　　円	目標金額　　　　　円
	現在の金額　　　　　円	目標金額　　　　　円
	現在の金額　　　　　円	目標金額　　　　　円
	現在の金額　　　　　円	目標金額　　　　　円

※コピーをして使ってください

改善・節約の考え方

● 自覚している無駄遣いを書き出す

　ちょっと無駄遣いしているなと自覚できる費目は、誰にでもあるはずです。たとえば、通信費（ケイタイ・スマホ）はどうでしょう。もちろんすべてがムダというわけではありませんが、月額使用料を必要以上に高く設定していることがわかっていても、なんとなく、「まぁ、いいか！」となっていませんか？

　これらの費目は、もともと無駄遣いを自覚しているのですから、この支出を減らすのは特に難しくないはずです。**支出対策シートに現状や改善策を書き出してみれば、すぐに改善ポイントがつかめ**、改善プランを立てることができるでしょう。この機会に、普段、気になっている無駄遣いをなくしてしまいましょう。

● 無自覚な無駄遣いを見つける

　次は、自分では自覚していなくても、実は無駄遣いをしてしまっている費目を探してみます。やりくりべたの人がよく言う「何に使っているのかわからないのに、いつのまにかなくなっている」というお金です。今まで「使途不明金」として棚上げしていたお金の正体を見つけましょう。まず「やりくり検討シート」をざっと見て、**他の費目と比べて突出している部分があれば、そこには無駄が隠れている可能性があります**。また、本書（P.60）の「かんたん節約アイデア」やインターネットなどの情報を参考にして我が家と比べてみましょう。突出している費目が見えてきたら、その原因を考え、支出対策シートで整理してみます。対策や節約のポイントが見えてくるはずです。

● 節約可能な費目を検討する

　無駄遣いをなくしただけで、目標になる金額（先取り貯金）が確保できればよいのですが、達成できない場合は、他の費目も見直してみる必要があります。無駄遣いとは別に、**家計の生活習慣病**が発見できるかもしれません。たとえば、電気のつけっぱなしや水道の出しっぱなしなど、気になるところはないでしょうか。いろいろ探してみましょう。注意したいのは、改善の目標を高くしすぎないこと。高すぎてしまって、途中で挫折したら元も子もありません。**少しの工夫と我慢とがんばりで達成できる金額を設定することが、長続きと成功のポイント**です。

● 節約で増える費目をチェック

　節約をすれば、すべての費目で予算を下げることができるとは限りません。一つの費目を節約することによって、**別の費目の予算を増やさなくてはならないこともある**のです。たとえば、お父さんの毎日のランチを、お母さんの手作り弁当にすれば、外食費を減らすことができるし、もしかしてお父さんのこづかいを減らせるかも！

　でも、当然、米などの主食費やおかず代の副食費は増えることになります。減らした費目が影響するものに関しては、あらかじめ、予算を増やしておきましょう。トータルの支出が減ればＯＫです。

● 収入を増やすことも考えよう

　収入の範囲でやりくりをがんばるのが基本とはいえ、少しでも収入を増やすことも考えておきたいもの。ちょっと大変かもしれませんが、パートの時間数を増やしたり、趣味を生かしてバザーやインターネットオークションに出品するのもよいでしょう。定期収入に組み込めるものや、臨時収入などいろいろありそうです。

　この機会に一度、収入を増やすという選択肢も検討しておきましょう。でも、くれぐれも無理はしないように！

> 家族会議をしよう！

♠ 改善プランを実行するには家族の協力が不可欠！

　支出の改善プランを考えるにしても、ライフイベントをもとにお金を貯めようと思ったときも、実行するためには家族の協力が不可欠です。お母さんが一生懸命に電気代を節約していても、お父さんや子どもに節約の意識がなければ絵に描いた餅になってしまいます。節約は家族全員の取り組みがあって初めて実現できるもの。お母さんの孤軍奮闘にならないようにしたいものです。目標を共有して家族の協力を得るために、ぜひ、家族会議を開きましょう！

　本書の家計管理術を実践しているお母さん。思い切って家族会議をしてみたそうです。手作りのライフイベントシートとやりくり検討シートを示して節約を宣言。『３年後に子ども２人の大学の学費と仕送りが重なる。その年が大きな山。それまでは貯金を頑張りたい。協力してほしい』と訴えました。結果は、家族の意識が少しずつ変わり、なんと、電気代や水道料金が減ってきたといいます。ポジティブな節約生活の第一歩を踏み出しました。

費目別　改善＆節約のポイント

支出1　毎月必ず使うお金で、生活を送るのに必要な費目をまとめているので、節約は難しいかもしれませんが、毎月必要なお金だからこそ、少しでも改善できるとやりくりがぐっと楽になる部分でもあります。

● 住居費

　住宅の購入は人生最大の買い物。頑張って返済していても、子どもの教育費の増加や収入の減少など、さまざまな事情でどうしても返済が予定通りいかないこともあります。もし、返済計画の見直しが必要なら、借入先に早めに相談しましょう。たとえば、住宅金融支援機構では、「**収入が大幅に減って、返済が大変になった**」「**しばらくの間、返済額を減らしたい**」「**ボーナス返済が負担になっている**」などの相談に対して返済方法の変更メニューが用意されているので、活用を検討してみましょう。

● 水道光熱費

　支出1の中でも、一番節約しやすい費目。月々の節約効果はそんなに大きくなくても、年間にすると無視できない金額になります。家計の生活習慣病の改善に直結するので、ぜひ一度見直しをして改善プランに取り入れてください。詳しくはP.62で紹介しています。

● 通信費

　なんといってもケイタイ・スマホ、インターネットプロバイダー料金がメインでしょうか。一度、使い始めるとロングランになるので、少しでも効率の良い設定にしたいもの。ケイタイやスマホの料金プランは、ライフスタイルに合わせてこまめに見直すことが必要です。

● 教育費

　教育費には、基本的な教育費（義務教育の中での教育費）や進学や進路に関係する教育費（塾の費用や通信教育など）、そして趣味、教養を育むための教育費（ピアノなどの音楽関係、英会話など）があります。今の社会生活の中では、教育費だけは絶対に削れない、これを削ったら子どもがかわいそうという声が聞こえてきそうですが、その教育費の中にも優先順位があることをしっかりと考え、子どもの成長にあわせた教育プランを組むことが大切です。余分なものはないか一度見直してみましょう。

　また、学資保険の内容や金額は、ライフイベントと合わせて検討しましょう。

STEP1（Plan） 現状を知って予算を組む

● 社会生活費

　生命保険は、家族のライフステージの変化に合わせた見直しが必要。たとえば、住宅を購入したとき、子どもが生まれたときや独立したときなど、必要な保障額が変わってきます。一部だけの解約ができるなら、余分な保障額を見直すことで保険料をカットすることもできます。あなたが契約している保険会社と相談してみましょう。

● 返済金

　住宅ローン以外の各種のローン、クレジットカード（ショッピング・キャッシング）などの返済金がここに入ります。これからローンを組む予定がある場合は、月々の返済金の予算を立て、無理がないかを確認してからにしましょう。もしも、予期しない事情で返済が苦しくなったと感じたら、とにかく早めに相談することが大切です。借入先との相談や交渉はもちろんですが、うまくいかない場合は、最寄りの消費生活センターでの相談がお勧めです。

Information

消費者トラブルを抱えたときの相談窓口
〜消費者トラブルに関する相談は、消費者ホットラインを活用〜

　消費者契約に関するトラブル、悪質商法、訪問販売・通信販売等のトラブル、製品・食品やサービスによる事故、ローンやクレジットの返済トラブルなど、消費生活で起こる様々なトラブルは、消費生活センターで相談に応じてくれます。一人で悩まず、積極的に活用するのもよいでしょう。**消費者ホットライン**では、地方公共団体が設置している消費生活センターの中から最寄りの窓口を案内してくれます。土日祝日で消費生活センターが休みの場合は、国民生活センターを案内してくれるので緊急時も安心です。

消費者ホットライン ☎ １８８ （いやや！）　※全国共通

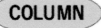 クレジットカードのメリット・デメリット

　現金の持ち合わせがなくても、すぐに商品を買えたり、サービスを受けられたり、急な出費の時にすぐにお金が引き出せる便利なクレジットカード。今や私たちの生活には欠かせないアイテムになっています。上手に使って生活を楽しむのはよいのですが、便利だからといってつい使いすぎてしまって返済不能、なんてことにならないとも限りません。「クレジットカードでショッピング＝借金」を忘れずに、計画的に使いたいものです。そこで、クレジットカードのメリットとデメリットを整理してみました。**デメリットについてもきちんと理解したうえで、賢く付き合いましょう！**

メリット	デメリット
☆ 手元に現金がなくても、将来の収入を当て込んで商品やサービスを購入することができる ☆ 急な出費に対応できる ☆ 支払いを分割にできるので、高額の買い物が可能になる ☆ ポイント・割引などの特典がある	☆ 分割にすると、1回の支払いが少額なので借金への抵抗感が薄くなる ☆ 支払い能力以上の借金を抱えてしまうことがある ☆ リボ払いは、どの買い物の支払いをしているかがわかりにくい ☆ 失業や病気で収入がなくなったときのリスクがある

◆ リボルビング払い（リボ払い）は慎重に！

　利用可能額の範囲で繰り返し何度でも利用できて、決められた一定の金額を返済していくリボ払い。便利なのですが、**借金の負担感が薄くなりがちな返済方法**なので、無計画に使い続けることのないように注意しましょう。返済回数が増えれば、当然、その分の手数料も増えることになります。

◆ ポイントはあくまで付加価値

　現金はあるけれどポイント獲得のために、あえてクレジットカードを利用している人も増えています。還元率のよいカードを選び付加価値をねらうのも賢いやりかたですが、そればかりを意識するのは本末転倒。**見えないお金を使って支払いを先送りしていることを意識し、**手元に残ったお金を無計画に使わないように気を付ける必要があります。

◆ 少しのがまんも大切！

　リストラや転職などで収入が減ったからといって、今までの生活レベルは落としたくないものですが、**カードで安易に借金をして、生活費の不足分を補うという考え方は要注意。**この機会をあなたのライフスタイル見直しのチャンスととらえれば、今の少しの我慢が後々の大きな財産となって返ってくるはずです。

支出2	日常生活に必要な支出が多く含まれる支出2。思い切った改善プランを考えるのに適した費目が多いのが特徴です。調味料費、日用雑貨費、被服理美容費など、一度購入したら何か月か使えるものは、1年を通して予算を考え、購入時期なども工夫してみましょう。

● 主食費

主食となる米やパンの量そのものを減らすのではなく、"賢く買う"ことで節約するのが基本です。1か月で食べきることができる量ならまとめ買いがお得。安い米でも手でといで吸水させるとおいしく炊けます。いろいろ工夫してみましょう。外食費を抑えることで、逆に増える可能性のある費目なので、あまり神経質にならなくてもよいでしょう。

● 調味料費、日用雑貨費

調味料や日用雑貨は、チラシを見て底値を知っておきましょう。安いときにまとめて買うことができれば、その分節約をすることができます。ただ、仕事や家事に忙しい主婦は、安さを求めてスーパーを渡り歩くのは時間と体力を考える必要があるかもしれません。あまり無理をしないで、効率も考えた選び方をしましょう。

● 被服理美容費

最近は、洗濯機や洗剤の品質が良くなっていることに加え、被服の布の改良がすすんだこともあって、ほとんどの衣類は家庭で洗えるようになっています。デリケートな衣類や大切な衣類を除いては、洗濯表示にしたがって家庭で洗うようにすると、クリーニング代が節約できます。

● 保健医療費

健康ブームでいろいろなサプリメントを常用する人がいますが、本当に必要でしょうか。健康のためという言葉で踊らされていませんか？ たとえばビタミン。足りなければ確かに健康に問題がありますが、多ければいいというものではありません。サプリメントに頼る前に3食きちんと食べて季節の野菜や果物をプラスするところから始めてみましょう。

● こづかい

こづかいにも使い方の優先順位があります。それをはっきりさせることで、メリハリがつき、無駄な出費を防ぐことにもなります。こづかいに昼食代が含まれている場合は、たまには手作り弁当を楽しむのもいいですね。

● 雑費

新聞の夕刊。もし必要がないならカットすると安くなります。代わりにスマホやインターネットでかなりの情報が得られます。付き合いで加入している定期購読の雑誌も一度見直してみましょう。

| 支出3 | 日々の暮らしの中で使うお金が支出3です。毎日使うお金なので、やりくりのしがいもありますし、腕の見せどころです。細かな出費が多いので、「支出記録表」で何に使ったかをチェックして無駄を見つけてみましょう。 |

● 外食費

最近の家庭の食事で、"こしょく"が話題になることがあります。一人一人違った食事をすることを「個食」、一人で食事をすることを「孤食」といいます。忙しい生活の中では家族そろって食事を楽しむことができにくくなっているという意味を含んでいます。そこで、普段、何気なくしている外食を月に一度だけの家族の大切なイベントとしてみたらいかがでしょう。「特別の日」と意識してゆっくりと食事をとることで、ちょっとリッチな気分になれるし、子どもとのコミュニケーションを深めることもできます。1回の費用は高くなるかもしれませんが、外食費全体を抑えることができます。

● 副食費

日々のおかず代なので、減らすことよりも、むしろ賢く買ってしっかり使い切ることで節約を考えましょう。冷蔵庫の中の食材をもう一度チェックしてみて、無駄があるようなら、その改善から始めます。外食費を減らすためにあえて増やすことも検討する必要のある費目です。

● 嗜好食品費

コーヒー、紅茶、ビール、お酒など、好きな人にとってはなくてはならないもの。バリエーションの豊かさとともに値段もいろいろあるので試してみるのもいいですね。少しでも安くすまそうと思うなら、特売を利用したり、ディスカウントショップなどへ買いに行くと安くなります。インターネットでも、珍しいものや安いものが手に入るので、信頼のおけるサイトならネットの利用もよいかもしれません。また、健康のために、お酒は1回の量を減らしたり、飲まない日を作ることも考えてみましょう。節約にもなるので一石二鳥です。

● 教養娯楽費

考え方ひとつ、アイデア次第で、楽しく節約できるのが教養娯楽費です。たまには映画やコンサートに行くのも楽しいけれど、お金をかけないで楽しむ方法も見つけたいものです。たとえば、ビデオをレンタルするのもいいし、図書館を利用するのもいいですね。それから地域のイベントにも積極的に参加しましょう。新しい発見があるかもしれません。

● 交際費

　節約生活の中であっても、人との交際はとても大切。しかし、その支出が負担になるようでは困りものです。あくまで、予算の範囲内で楽しく交際することを心がけたいものです。無理な付き合いは長続きしないので、予算オーバーなら断ることも必要かも。断ったくらいで付き合いができなくなるようなら、その程度の関係だと割り切る勇気を持つことや、明るく無理せずに付き合うことがポイントといえます。どうしても必要なら、その月は他の費目を節約して凌ぎます。

● 活動交通費

　頻繁に利用する区間なら、定期券を検討してみるのもよいのですが、割高になる場合は、やはり回数乗車券がお得。電車なら駅の券売機はもちろん、チケットショップでも買うことができます。有効期間はしっかりチェックしましょう。
　比較的近い距離なら、可能な限り自転車を使うのもよいし、もちろん歩ける範囲は歩くこと。でも、これは節約というより健康のためですね！

COLUMN　上手な買い物で賢く節約
〜身の回りのものを賢く買うには？〜

　女性にとってはもちろん、男性にとっても、服、靴、バッグ、ジュエリーなどの身の回りのものは、その人の人格を表すといえるほど大切なもの。節約を目指すあなたにとっては、欲しいという気持ちと値段との折り合いをどうつけるか、知恵の絞りどころといえそうです。身の回りのものを賢く買うためのポイントをご紹介しましょう。

◆ **流行に振り回されず、自分に合うブランドを見つける**
　流行っているからといって似合わなければ意味がありません。それより、本当に自分に合ったメーカーやブランドを探してみましょう。

◆ **長く使うものは多少高くてもよいものを選ぶ。結局長く使えてトク**
　節約は安いものを買うということだけではありません。少々高くても、飽きずに長く使えるものを見極めていくことが大切。本当の意味での節約になります。

◆ **自分の持っているものとのコーディネートを考える**
　季節ごとの服は、ノートに書いておいたり、写真としてケイタイやスマホに記録しておきます。買い物にこのノートや写真を持っていくと、その場でコーディネートできるので、帰宅してから「しまった！」ということがなくなります。同じような服を買ってしまう失敗をしなくてすみます。

改善プランを決定する

ステップ1の最後に、目標となる先取り貯金が確保できたかを確かめて、改善プランを確定します。確定した改善プランは「やりくり検討シート」に書き込みます。「さぁやるぞ！」という気持ちになったところで、次のステップに進みましょう。

● 改善プランを「やりくり検討シート」に記入する

前のページまでで、さまざまな節約や改善策を検討してきました。節約のために増えた費目もあったかと思います。さっそく、支出対策シートの目標金額を「やりくり検討シート」の「改善プラン1」の欄に記入しましょう。その結果、改善後の収支はどうなっているでしょうか。**先取り貯金を確保したうえで、「改善プラン1」の「残金」欄が、"0円"以上 になっていれば、うまくプランが立てられたことになります。**

「改善プラン2」は、ステップ2（Do）で、実際にこのプランに従って封筒管理を行ったあと、ステップ3（See）での振り返りを通して、改善プランを練り直すときに使います。同じ用紙に記入するのは、改善の履歴を並べてみることで、見えてくる問題点もあるからです。

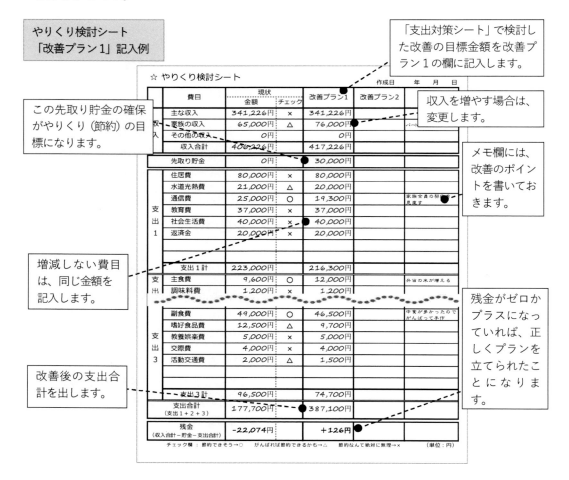

やりくり検討シート「改善プラン1」記入例

これでSTEP1(Plan)は終了です。うまく改善プランを立てることができましたか？
この改善プランが次のSTEP2(Do)の封筒管理の予算になります。あとは、実行あるのみ。
次は封筒管理に挑戦です！

STEP1のポイントを確認しましょう

☆ 目標金額（先取り貯金）は、「ライフイベントと資金計画シート」や「年間イベントシート」をもとに、イベントの取捨選択とやりくりの折り合いをつけて決める。最初はあまり高すぎる目標にはしない。ちょっとがんばれば達成できる金額から始める。

☆ 現状の収支が赤字なら当然見直しが必要。黒字でも費目に極端な偏りがある場合は、原因を考えたうえでバランスをとることも大切。

☆ 改善プランを検討するときは、必要なものと欲しいものの区別をはっきりさせて、優先順位を考える。

☆ 支出対策シートで支出の対策を考えるときは、なるべく具体的に行動できるレベルを記述する。

☆ 家族を味方につける。必要なら家族会議をしてみる。

☆ 収入を増やすことも検討する。ただし、無理は禁物。続かなくなってしまったら意味がない。

STEP1（Plan）

Q1　パート収入が一定していないのですが

　平均的な収入を基準とします。たとえば平均が5万円だとして、今月がたまたま6万円だったとすると、差額の1万円は少ない月のために銀行などに預けておきます。翌月が4万円ならば、そのお金をおろして不足分にあてます。そうすることによって、平均の5万円の収入として予算化できます。もし、数か月単位で変動するのなら、その月数の平均を出して上記のような方法をとることが現実的だと思います。

Q2　どうして支出を3つに分けるのですか？

　支出1は、主に住まいに関するお金で、支出2は、生活のために必要なお金です。これらは基本的に1か月単位の支出になりますので、この2つを確保しておけば、とりあえず**基本となる「衣・食・住」は充足することになります**。それに対して支出3は、毎日の暮らしの中で使うお金です。このように3つに区分けしておけば、固定的な支出と流動的な支出のメリハリがつくので、適切な予算配分につなげることができます。また、お金の使い道がはっきりするので、有効な使い方ができるのはもちろん、使いすぎの防止にもなります。

Q3　消耗品を何か月で使うかわからない場合は、どうすればいいですか？

　この家計管理術では、繰り越す期間の調整を行うこととしていますが、それが面倒という人は、ざっくりと日用雑貨費全体としてとらえてください。たとえば、今月はシャンプーや石鹸をまとめて買ったとします。翌月はトイレットペーパーを買う、といった具合です。そうすると、1か月では偏りが出てしまうことになりますが、それはあまり気にせず、**2～3か月のサイクルでバランスがとれればよい**のではないでしょうか。減り具合をみながら、購入量の目安をつけてみましょう。何か月かやってみると、ほぼ平均額がみえてくるはずです。

Q4　不意の冠婚葬祭で大きな出費がありましたが

冠婚葬祭は予測することができません。普段からその対応を考えて生活のやりくりで貯金として確保しておく必要があります。貯金でカバーできない場合は、翌月以降の数か月の生活費で穴埋めすることになり、その分、他の支出を切り詰めなければなりません。まさにやりくりの腕の見せどころといえそうです。

Q5　目標金額（先取り貯金）を決めるのはどうしてですか？

無計画に生きる。それもいいかもしれませんが、人はやはり目標がなければ、がんばることができません。**明確な目標は、「我慢」や「がんばり」につながります。**そこで本書では、まず１２年という大きなライフイベント全体を見渡し、さらに最初の１年の少し細かなイベントをチェックして、**より現実的な貯金の目標を設定しています。**でも、最初から高い理想を持つのは難しいという場合には、少し譲歩して、ちょっとのがんばりで実現できそうな目標からスタートするのもよいのではないでしょうか。そうすることで目の前の月々の達成感が、次のステップへ進む大きな原動力となり、徐々に大きな目標に挑戦することができます。まさに階段を上るように、あせらずにステップアップしていくことが大切といえます。階段を一段上ると、少し景色が変わります。そのとき、あなたは何かに気づくかもしれません。

Q6　ライフイベントを書き出してみると、とてもわが家の収入では追いつかない額になってしまいました

ライフイベントの優先順位を考えてみましょう。優先順位の高い順に予算を立てます。イベントとイベントの間に年ごとの時間差があるのなら、それをうまく使って計画を練ってみましょう。それでも追いつかないようなら、イベントの見直しをしてください。**あきらめることや先送り、あるいはグレードを落とすことも立派な選択肢**といえます。自分だけではなくて、家族全員で話し合ってみることも大切です。それに、収入を増やす方法、何か考えつきませんか？

Q7　改善プランをいろいろ考えてみたのですが、目標金額（先取り貯金）を達成できそうにありません

目標の設定に無理があるかもしれませんので見直してみましょう。それに一気に「目標達成！」これはなかなか難しいもの。ダイエットも無理をするとリバウンドしてしまいます。**できそうなことからコツコツやってみましょう。**

年間イベントシート （　年　月　～　年　月　）

	月	月	月	月	月	月	月	月	月	月	月	月	年合計
家族の名前													
必要なお金													
メモ													

※コピーをして使ってください

STEP2（Do）

7枚の封筒で予算を実行する

改善プランが決まったら、いよいよ封筒管理のスタート。
ここで紹介する「封筒管理」は、たった7枚の封筒で、
かんたんに、確実に家計を管理できるのが特徴。
マスターして、苦手意識を克服しましょう。

7枚の封筒の役割を把握する

この封筒管理では、支出を7枚の封筒に分けて月と週単位で管理します。
まずは、それぞれの封筒の役割を把握しましょう。
実際にお金を出し入れすることで、予算を実感することができます。

● 1〜7番目の封筒の役割

この家計管理術では、支出を大きく3つに分類しています。生活していくための基本となる支出1と支出2は、月単位で1番目と2番目の封筒で管理します。日々の暮らしの中で使うお金の支出3は、1か月を第1週から第4週の4つに分けて、7日間（第4週は月末までの7〜10日間）ごとに、3〜6番目までの4枚の封筒で管理します。**この4枚の封筒は財布代わりと考えることができます。**最後の7番目の封筒は、"ゆとりの封筒"で、先取り貯金に加え、1〜6番目の封筒で節約できたお金を入れます。いわば**貯金の封筒**です。たとえ小銭でも、この封筒に入れられるお金をいかに増やすかが、やりくりの腕の見せどころです。

1番目の封筒　（支出1）

- ◆ 住居費
- ◆ 水道光熱費
- ◆ 通信費
- ◆ 教育費
- ◆ 社会生活費
- ◆ 返済金

この封筒には、1か月単位で必ず出ていくお金を入れます。ほとんどが月に一度の支払いです。

2番目の封筒　（支出2）

- ◆ 主食費
- ◆ 調味料費
- ◆ 日用雑貨費
- ◆ 被服理美容費
- ◆ 保健医療費
- ◆ こづかい
- ◆ 雑費

この封筒には、1か月の間でいつ使うかわからないし、必ず全部使うわけではないけれど、生活で必要となるお金を入れます。

3〜6番目の封筒　（支出3）

【第1週】【第2週】【第3週】【第4週】
③　④　⑤　⑥

- ◆ 外食費
- ◆ 副食費
- ◆ 嗜好食品費
- ◆ 教養娯楽費
- ◆ 交際費
- ◆ 活動交通費

この4枚の封筒には、日々の暮らしの中で使うお金を、それぞれ1週間単位に分けて入れます。

7番目の封筒　（ゆとり）

- ◆ 先取り貯金
- ◆ 節約できたお金

この封筒には、1〜6番目の封筒で節約できたお金を入れます。先取り貯金は、最初にこの封筒に入れておきましょう。もちろん銀行に預けておくのもOKです。

● 封筒管理の準備をする（予算を転記する）

ステップ1で立てた改善プラン（P.38）が封筒管理での予算になります。その予算を7枚の封筒を使って管理します。給料が出たらそれぞれの封筒の予算1欄に転記して、お金を分けるところから始めます。それでは、さっそく準備にかかりましょう。まず、「やりくり検討シート」の「改善プラン1」欄に書かれている支出1、支出2のそれぞれの合計金額を、**支出1は1番目の封筒、支出2は2番目の封筒**の「予算1」欄に転記します。次に、**支出3は、3～6番目の封筒（4枚の封筒）**に分けるので、支出3の合計金額を月の日数（28～31日）で割って1日の単価を出し、3～5番目の封筒（第1週～第3週）には、「1日の単価×7日」の金額を、6番目の封筒（第4週）には、残りの日数（7～10日間）で使う金額を記入します。最後に、**先取り貯金を7番目の封筒**の「予算1」欄に転記します。

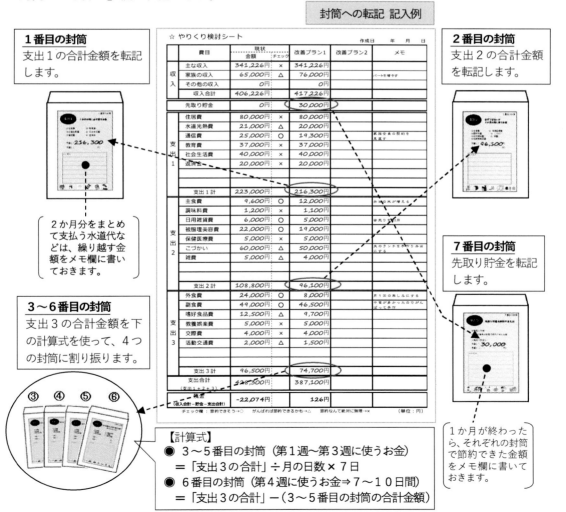

● 封筒にお金を分ける

　それぞれの封筒に予算を書き込んだら、封筒管理のスタートの日に予算分の現金をそれぞれの封筒に入れます。もちろん、住居費（住宅ローン・家賃）や通信費（スマホ）などで、銀行口座から引き落としになっているものは、そのまま銀行に預けておいてOKです。その場合は、封筒のメモ欄に、該当する費目と金額を書いておくと管理しやすくなります。実際に封筒にお金を分けてみて、「大変そう！」「自分にできるかな？」と思う人もいるかもしれませんが、**この封筒管理は、実践すれば誰にでもできるかんたんな方法**なので、安心してください。

1番目の封筒

　支出1の合計金額を入れます。実際には、銀行引き落としになっている費目を除いた金額が入ります。なお、2か月に1度の水道料金など、その月に支払いが発生しないものでも、1か月分に相当する金額を入れておきます。繰越金として封筒のメモ欄に書いておくと、月の終わりに封筒に残ったお金と照合することができます。

2番目の封筒

　支出2の合計金額を入れます。支出2の費目に当たるお金が必要なときは、この封筒から出して使います。

3〜6番目の封筒 【3番目⇒第1週、4番目⇒第2週、5番目⇒第3週、6番目⇒第4週】

　支出3の合計金額を、前のページの計算式を参考に4枚の封筒に分けて入れます。第4週は月末までの7〜10日間なので多めになります。
　＊嗜好食品などで、まとめ買いをする日があらかじめわかっているようなら、その週に多めに配分しておくのもよいでしょう。計算式にかかわらず、**実際の生活のリズムに合わせた分け方**を考えてみましょう。

7番目の封筒

　先取り貯金のお金を入れます。もちろん、銀行に預けておくのもOKです。

> オリジナル封筒で
> もっと便利に！

中身を確認しやすい透明ケースもオススメ！

　封筒の代わりに、紙幣がはいるサイズで、透明なフリーケースを使うのもオススメ。

　中が見えるので、残っているお金がすぐにわかります。財布のかわりにそのまま持ち歩くこともできてなにかと便利。百円ショップで売っていてサイズも各種あるので、自分が使いやすいものを探してみましょう。

> こづかいも
> 封筒管理で！

子どものこづかいは、プチ封筒管理を！

　子どもにプチ封筒管理をすすめてみてはいかがでしょうか。こづかいは、支出1や2のような固定費は不要だし、予算ははじめから「こづかい」として決まっているので、3～6番目の封筒があればOK。最初にこづかいを4週に分けて、それぞれの封筒に入れたあとは、1週間ごとにそれぞれの封筒から財布にお金を移して使います。7番目の封筒の代わりに子ども専用の貯金箱を用意して、1週間であまったお金は貯金箱に入れることをルールとするのもよいでしょう。

　計画的に予算内でお金を管理する方法を実感として身につけることができ、子どもの金銭感覚が高まるのではないでしょうか。

❀ 封筒管理をスタートする ❀

封筒にお金を入れたら、いよいよ1か月のスタートです。
まずは実行してみて、封筒管理の流れをつかみましょう。
ルールを覚えれば、かんたんにできるようになります。

● 封筒管理の流れにそって実行してみる

　1番目と2番目の封筒のお金は、使う必要があるときにその封筒からお金を抜き取るだけでOKですが、この封筒管理では、3～6番目の封筒の使い方がカンドコロ。

　最初に3番目の封筒（第1週）のお金を**財布に移すことからスタート**します。日々の暮らしで使うお金は、この財布の中から出して使います。1週間が終わったら財布の中のあまったお金は、たとえ小銭でも7番目の封筒（ゆとり）に移し、空になった財布に4番目の封筒（第2週）のお金を移します。同様に5番目（第3週）、6番目（第4週）と繰り返します。

「**財布の中のお金＝1週間分の予算**」で生活をし、週の終わりに財布の中に残ったお金を「**7番目の封筒＝ゆとり**」に移していくことになるので、この方法を確実に実行すれば、**絶対に赤字にならず、しかも貯金ができる**ことになります。

封筒管理の流れ

1

支出3の第1週のお金を、3番目の封筒から抜き出して財布に移します。
支出1と2に当たるお金は、支払いのつど、1番目と2番目の封筒から出します。

2

財布の中のお金で1週間生活します。毎日のおかず代など、支出3の費目に該当する支払いのときは、この財布から出します。

3

第1週が終わったら、財布の中に残っているお金を7番目の封筒に移し、一度、財布の中を空にします。

4

支出3の第2週のお金を、4番目の封筒から抜き出し、中身が空になった財布に移し替えて第2週をスタートします。第3週、第4週も同じように繰り返します。

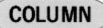 ## 支出3を制すれば封筒管理は成功！
～1週間単位のお金の管理をマスターしよう！～

　この家計管理術は、外食費やおかず代など、日々の生活で使うお金を支出3として分類し、1週間単位（第4週は7～10日間）で管理していくことが最大の特徴です。「衣食住」に必要な基本生活費は支出1と2で予算を組んであるので、**1週間単位で管理する支出3の黒字をキープできさえすれば、家計は黒字になる**のです。

　気をつけたいことは、1週間の途中でお金がなくなってしまっても、**次の週の封筒には手をつけないこと**。前述したように基本生活費としての米やパン、調味料はすでに確保してあるので、冷蔵庫の中の食材をうまく活用して、たとえば、おにぎりを作るなど、いろいろ工夫すれば1日や2日ならしのぐことができます。これが1か月なら、月の途中で予算がピンチになると挫折してしまうかもしれませんが、1週間単位なら、ちょっと我慢すれば、次の週の封筒で生活をリセットすることができます。

　この家計管理術に挑戦した人は、ほぼ全員が7番目の「ゆとり」の封筒にお金を入れることができています。コツは「ちょっとの我慢とがんばり」です。

うまくいかない場合は・・・

◆ 1日いくら使えるか考えてみる
　支出3の計算式をもとに、1日に使えるお金はいくらなのかを意識してみましょう。慣れればいちいち計算しなくても、自然にその感覚が身についてきます。

◆ 予算を考え直す
　この家計管理術は「ちょっとの我慢とがんばり」で実行できるはずのもの。でも、どんなに我慢しても、がんばっても、うまくいかない場合は、根本である予算配分が間違っているかもしれません。予算全体を見直してみましょう。

◆ 自分のがんばりをちゃんと褒める
　たとえ完璧に貯金の目標が達成できなくても、できたところまでの自分の成果をきちんと数字としてとらえ、日ごろの我慢やがんばりを褒めてあげましょう。あなたの努力なしでは貯まらなかったお金なのですから、その気持ちを大切に、また新たな一歩を踏み出す原動力にしてください。

これでSTEP2（Do）は終了です。ちょっと我慢しなくてはならないことがあっても、赤字になる心配がないから、封筒に分けたお金は安心して使うことができますね。

STEP2のポイントを確認しましょう

☆ ステップ1で検討した改善プランを予算1欄に転記して、お金を入れる。ただし、銀行引き落としの場合は、封筒に記入するだけでよい。

☆ 支出1と2は、支払時に封筒からお金を抜き出す。銀行引き落としの費目は、あらかじめ銀行に入れておく。

☆ 固定費など必ず出ていく費目の予算がきちんと組まれてさえあれば、日々の生活のお金は安心して使うことができる。

☆ 支出3の管理のポイントは、週の途中でお金がなくなってしまっても、次の週の封筒には手をつけないこと。冷蔵庫の中の食材をうまく使ってしのぐなどの工夫をしてみる。

☆ それぞれの封筒にお金が残ったら、たとえ小銭でも必ず7番目の封筒に入れておく。あまったお金だからといって余分なものを買ってしまったら意味がない。

☆ 実際には、封筒を使わなくても、頭のなかで管理できるようになればしめたもの。ポジティブな節約生活が身についた証拠。

☆ 封筒は、本書の付録を使ってもよいし、巻末の「封筒管理シート」をうまく使って自分流の封筒を作ってもよい。中身の見やすいフリーケースを使ってみるなど、いろいろ工夫してみる。

この封筒管理は、副食費（おかず代）や外食費などの日々の生活で使うお金を支出3として分類し、1週間単位で管理していくことが最大の特徴！

STEP2（Do）

Q1　なぜ家計簿ではなく封筒管理でやりくりをするのですか？

　家計簿は、使ったお金を後から記録します。そうすることで、自分の生活を見つめ直したり、改善していくことは、もちろん大切なことですが、ここで紹介している封筒管理は、逆に収入の範囲での生活を目指して、最初に予算を作ってしまいます。そして予算分のお金を封筒に入れて、そのお金だけで1か月やりくりするという方法です。**見方を変えれば、封筒のお金は安心して使うことができるので、無理なく家計管理を行うことができる**というメリットがあります。

Q2　今までの封筒管理との違いは何ですか？

　従来の封筒管理は、収入に対して1か月単位で予算を決め、費目ごとに細かく分けるという方法です。あらかじめ予算を組むという考え方は同じですが、「1か月単位」では、月初めの少しの予算オーバーで、あとが続かなくなってしまうという難点があります。本書で紹介している封筒管理は、家賃や水道光熱費などの固定した費用（支出1）と主食費や日用雑貨など固定費に準ずるもの（支出2）については、1か月で管理するものの、副食費（おかず代）や外食費、嗜好食品費などの日々の生活で使うお金を支出3としてまとめてしまったうえで、1か月を4週に分けて週単位で管理します。**1週間ごとなので予算が組みやすく、お金が足りなくなっても、1週間ならなんとかなる**というメリットがあります。

Q3　「先取り貯金」と「ゆとり」の違いは何ですか？

　「先取り貯金」とは、あらかじめ予算を決めて、計画的に貯めていくお金です。給料から天引きされている財形貯蓄などもそれに該当します。本書では、先取り貯金に日々の生活で節約できたお金を加えて「ゆとり」と呼んでいます。**ゆとりを持つことで安心感が得られます**。そしてもちろん、目標や夢の実現に一歩近づくための大切な資金という意味でもあります。

Q4 どうしても欲しいものがあるので買ってしまいそうです。その費用を、支出3のやりくりでねん出しようと思います。こういうやりくりはしないほうがよいのですか？

まだ買っていないのなら、がまんしましょう。**翌月からきちんと予算を組んで買うという考え方をしていただきたいと思います**。でも、すでに買ってしまった場合は、現実的には、こづかいを中心に支出3からねん出するしかないと思います。そのお金が1週間の予算内でカバーできるのなら残りの日数をがんばればよいのですが、それ以上の金額の場合には、次の週や月単位にまで影響が出てしまい、かなりの緊縮生活を余儀なくされますので、基本的には支出3だけのやりくりはおすすめできません。

Q5 クレジットカードを使ったら、どうすればよいのですか？

クレジットカードで支払ったら、同額の現金を封筒から抜き出して、引き落としされる銀行口座に入れてしまうのが最も安全で確実な方法だと思います。リボ払いなら月の返済額を入れておきますが、**くれぐれも使いすぎには注意を！**

Q6 実際に封筒管理をしている人からの、おすすめアイデアがあったら教えてください。

いくつか実例をご紹介しますので、参考にしてください。
- すべてのお金を銀行に預けておいて、支出3の1週間分のお金を週の初めに銀行から引き出してきます。こうすると、封筒を使わずに封筒管理と同じ効果が得られるし、現金を家に置いておくリスクも回避できます。
- 予算が足りなくなってきたら、今週は「節約料理週間」と家族に表明します。そして、楽しく「お好み焼きパーティー」と決め込んでいます。
- 先取り貯金は、貯金専用として作った銀行口座に移しておきます。キャッシュカードをあえて作らないことで、かんたんに引き出しできないようにしています。気持の面でメリハリがつくので効果的です。
- 封筒に残ったお金は、"500円玉貯金"と同じ感覚で、貯金箱に入れています。
- 週の初めにその週で使う予定のメインの食材をまとめて買ってしまい、残りの日数を計算して、あとは必要な分だけを買いに行きます。こうすると財布に必要以上のお金を入れずにすむし、まとめ買いで節約することもできます。
- たとえば、塾の費用や特別な医療費など、単独で管理したいお金は、オリジナル費目を作って別の封筒に入れています。

STEP3（See）
封筒管理の結果を振り返る

封筒管理を1か月実行したら、
さっそくその結果を振り返ってみましょう。
うまくいった点、うまくいかなかった点を整理し、
残念ながらうまくいかなかった場合は、次の月に再挑戦していきます。
Plan（計画）・Do（実行）・See（振り返りと再挑戦）サイクルを実行する
ことで、うまくいかなかった点を克服することはもちろん、
あなた流の家計管理術を完成させましょう。

1か月を振り返る

1か月が終わったら収支を確認し、やりくりがうまくいった点、
うまくいかなかった点を整理します。
振り返りは、家計管理のコツをつかむうえで、
とても大切なプロセスです。

● 7番目の封筒の中身を確認する

　1か月が終わったら7番目の封筒の中身を確認します。先取り貯金が確保されていて、たとえ小銭でもそこにお金が貯まっていれば封筒管理が成功し、収支が黒字になっていることになります。逆に赤字なら、7番目の封筒には1円も残っていないし、残念ながら、せっかくの先取り貯金を取り崩して生活したことになります。

● 振り返りシートで整理する

　赤字の場合はもちろん、たとえ黒字でも結果の振り返りは必須です。きちんと整理することで、さらに効率のよいやりくりをめざします。さて、結果はどうだったでしょうか。支出1は固定費なので、大きな増減はないはず。ポイントは日々の生活で使うお金の支出3です。この1か月間の封筒管理でのやりくりを思い出してみましょう。ここまでがんばってきたあなただからこそ、成功したことや反省点は、よくわかっているはず。「ちょっと意識しただけなのに、お酒や飲み物代が減った」「予定外の外食をしてしまって予算オーバー」など、いろいろな感想が浮かんでくるのではないでしょうか。「振り返りシート」で、うまくいった点、うまくいかなかった点を整理しておきましょう。

振り返りシート 記入例

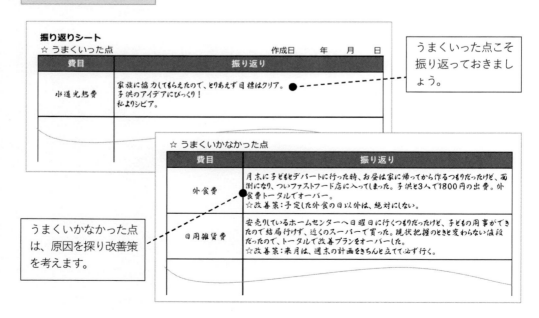

STEP３（See） 封筒管理の結果を振り返る

振り返りシート

作成日　　　年　　月　　日

☆ うまくいった点

費目	振り返り

☆ うまくいかなかった点

費目	振り返り

❀ P・D・S サイクルで再挑戦 ❀

封筒管理は、1か月ごとに新しくスタートを切ることになります。
振り返りシートの「うまくいかなかった点」をもとに、改善プランを再検討して、
やりくり検討シートの「改善プラン2」へ記入し、次の月にもう一度挑戦します。

● 「改善プラン2」で再挑戦

　ここまでのプロセスを振り返ってみましょう。ステップ1（Plan）では、現状を把握したうえで目標となる貯金額とそれを達成するための収支の改善プラン（予算）を設定し、ステップ2（Do）では、7枚の封筒を使って、1か月間管理してきました。そして、このステップ3（See）では、封筒管理の結果を「振り返りシート」で整理しました。

残念ながら赤字になってしまったあなた、もうひと頑張り！

　黒字をめざして改善プランを練り直します。作成した振り返りシートをみて、まず、支出1～3のどの支出に問題があったのかをチェックします。その支出がわかったら、最初に、支出の合計金額の改善プランを立ててしまい、次に、振り返りシートの内容や改善プラン1の金額を参考に、うまくいかなかった費目の金額を見直します。たとえば、支出3なら、やりくり検討シートの改善プラン2「支出3計」欄の金額を先に決めて、他の費目とバランスをとりながら、副食費や嗜好食品費を見直していくという手順です。

　ここでは、費目の細かな数字にはあまりこだわらず、大きく支出1～3それぞれの合計金額をメインに改善プランを立てますが、費目ごとに細かく検討したいという場合は、気になる費目だけでも支出記録をとってみるのもよいでしょう。

　見直した結果をやりくり検討シートの**「改善プラン2」**欄に書き込みます。これが次の月の予算になるので、封筒の「予算2」欄に転記して、ステップ2（Do）の要領で、もう一度、封筒管理に挑戦します。

やりくり検討シート「改善プラン2」記入例

【手順1】
支出1～3の中で改善したい支出の合計金額の改善プランを立てます。

【手順2】
他の費目とバランスをとりながら、うまくいかなかった費目の金額を見直します。

【手順3】
改善の必要がない費目は、改善プラン1と同じ金額を記入します。

【手順4】
「支出合計」と「残金」を出します。

これでSTEP3(See)は終了です。改善プラン2は、うまくいきましたか。家計管理のP・D・Sサイクルで、あなた流の家計管理のコツをつかむことができます。

STEP3のポイントを確認しましょう

☆ 封筒管理を1か月間実行したら、必ず結果を振り返って、うまくいった点やうまくいかなかった点を整理する。

☆ 収支が赤字になったときこそ、あなたのがんばりどころ。振り返りシートをもとに、改善プラン2を作成したら、STEP2(Do)の要領で、次の月にもう一度、封筒管理に挑戦する。

☆ 改善プラン2を作るときは、最初に支出1〜3それぞれの合計金額の改善プランを立て、次に、うまくいかなかった費目の金額を見直していく。

☆ 費目ごとに細かく改善プランを立てる場合は、気になる費目の支出記録をとってみる。

☆ P・D・Sサイクルの実行は、家計の新たな問題点の発見にもつながる。何回か続けることで、やりくりのノウハウが身に付くことはもちろん、家計管理のコツをつかむことができる。

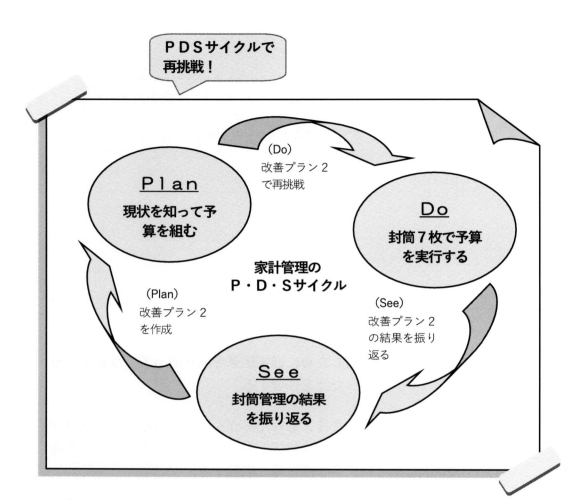

これで、ステップのすべてが終了しました。
ここまで頑張ったあなたは、もう「やりくりべた」ではなくなっているはず！
これからのがんばりに期待しています。

STEP 3 (See) Q&A

Q1 なぜ家計管理にP・D・Sサイクルが必要なのですか？

A　P・D・S（Plan・Do・See）サイクルとは、仕事の成果を高めるために、企業などで広く使われているマネジメント手法の一つです。目標に向かって計画を立てて、実行に移し、結果を検証することで問題点の発見につなげます。そして、その問題解決のための改善策の実行を通して、さらに成果を高めていくという良循環を生み出します。本書の家計管理術も同じです。現状をきちんと把握したうえで予算（目標）を立て、封筒による管理を実行していきます。そして、結果を振り返ったあとの再挑戦は、1か月間の封筒管理だけでは見えなかった、新たな問題点の発見につながっていきます。P・D・Sサイクルを家計管理に取り入れることで、大切なお金の管理方法について、**「あなた流のコツ」**をつかむことができるのではないでしょうか。

Q2 どの費目も、これまで自分なりに節約してきたつもりなので、これ以上できそうもないのですが

A　本当にがんばってきたからこその質問だと思います。でも「できそうにない」と思ってしまう前に、身の回りを見直してみましょう。普段、何気なく行っていることで習慣化していることはありませんか。また、一人でがんばろうとせずに、家族の協力を求めてみると、また違った節約アイデアが浮かんでくるかもしれません。

Q3 たまには、節約生活を忘れたいので、何か月かに一度、予算ギリギリまで使う月を入れるなどしてもよいですか

A　もちろんOKです。むしろ積極的に、それもイベントのひとつに入れてしまうというのはいかがでしょうか。そうすると、その何か月かに一度の楽しみがあるからこそ、その他の月をがんばることができるという、メリハリのついたよいサイクルが生まれます。節約生活の中にいろいろな楽しみを見つけられるよう、ちょっとした工夫をしてみることが大切です。たまには、自分へのご褒美もうれしいもの！

かんたん 節約アイデア

食費の節約アイデア

生活費の中で大きな割合を占める食費。節約はもとより、健康的に生きるためにも、毎日の積み重ねが大切です。基本は必要なものを買って、使い切ること。

主食編

❀ 日本のお米文化を大切に！お米を食べましょう

日本人の主食は米。最近は消費量が少なくなっているとはいえ、健康のため、節約のためにも大いに米を食べたいものです。ご飯に魚と野菜を足した**一汁三菜の日本型食生活は、栄養のバランスもよいのでオススメ**です。米1kg（約6合）で、４００円くらい。4人家族の1日分が賄えます。腹持ちもよいので、他の穀類とくらべても節約になります。

❀ お米は一度にたくさん炊いて、1食分ずつラップに包んで冷凍

お米を一度にたくさん炊いて、1食分ずつラップやタッパーに入れて冷凍しておきます。食べるときにレンジで温めるとできたてのようにおいしいし、少しずつ炊くより節約できます。チャーハンにしたり、雑炊にしたり、とても便利に食べることができます。

調味料編

❀ 調味料を我が家風にアレンジ

スーパーには、料理に合わせた専用の調味料が出ていますが、価格はけっこう高め。そこで基本の調味料を使って、**我が家のオリジナル調味料を作ってみましょう**。基本調味料とは、砂糖、塩、酢、醤油、みそで、それに酒と油があれば、いろいろアレンジできます。お好みで、こしょう、ソース、マヨネーズ、ケチャップなどを加えると、バリエーションが広がり、もちろん節約にもなります。

楽しみながら作ってみましょう。保存がきき、ムダなく節約にもつながります。

● 油と酢と塩を混ぜ、スライスしたたまねぎを入れて、「**我が家風たまねぎドレッシング**」。

● マヨネーズとみそを混ぜて、「**みそマヨネーズ**」。「**バーニャカウダ風ドレッシング**」にもなります。

● ケチャップにソースとしょうゆを入れて、「**特製ハンバーグソース**」。味がしっかりしていて、弁当にもバッチリです。

副食編

❀ 保存のきく野菜は1週間分をまとめて買って、使い切ろう

たとえば、4人家族で、じゃがいも2〜3kg、にんじん1〜2kg、たまねぎ2〜3kgを買い置きし、季節の野菜を加えます。野菜は1日350gとりたいものです。メインとなる肉、豆腐、納豆、卵を使った料理をあわせて使いきると、おおよそ栄養バランスがとれた食事になります。牛乳やヨーグルトもとりましょう。

❀ メモを持って買い物へ でも、メニューは決めすぎない

買い物をするとき、何を買うか決めておくことはとても大切です。でも、メニューを限定してしまうと、少し値段が高くてもついつい買ってしまいがちになります。**その時々の特売の食材をうまく利用すると節約につながる**ので、あまりこだわらず、メニューは流動的に考えておきましょう。

❀ 煮込み料理はバリエーションを広げて

カレーやシチューなど、大きな鍋で煮込むメニューは調理もかんたんです。毎日買い物に行かずにすむので新しい食材を買い足す必要もなく、余計な出費をせずにすみます。1〜2回で食べきれない量なら、最初から1食分ずつ冷凍しておきます。ちなみに再加熱をするときは、鍋を火にかけるのではなくて、**レンジで温め直すほうが、ガス・電気代がお得**です。でも、何回か続けて食べると味が単調で飽きてしまい、せっかく多くの量を作りおきしても、食べきれずに捨ててしまったら意味がありません。**食べることが基本**なので、飽きてきたら冷蔵庫にある惣菜や、中途半端に残っている野菜や肉などを加え、アレンジしてメニューのバリエーションを広げましょう。

❀ 買い物は手さげカゴを持って

カートを使っての買い物が一般的になっていますが、大きなカートだとあれもこれもとついつい入れてしまい、会計のときにびっくりなんてこともあるのではないでしょうか。**節約を意識するときは手さげカゴを使って買い物をすると、買った物の重さを手で実感できるので、買い過ぎを防ぐことができます。**

水道光熱費の節約アイデア

> 少しの節約でも、年間では大きな金額になるのが水道光熱費。基本料金を超えて使用する量をいかに少なくするかがポイントとなります。家族の協力が不可欠！

水道代編

❁ 水の出しっぱなしに注意！

朝・夕の歯磨きやシャワーなどで、水を出しっぱなしにしていませんか。**5分間なら約60ℓを流したことになります**。料金は、地域によって違いがありますが、たとえば「0.24円／1ℓ」で計算すると14.4円になります。使う頻度や家族の人数で試算してみましょう。改善点が見えてきます。節水型のシャワーヘッドなどを検討してみるのもよいでしょう。

❁ 水量を減らして食器を洗うには重ねてつけおき

毎日何枚もの食器を3回洗えば、水道代もバカになりません。効率よく食器を洗うためには、捨ててもよい布で汚れをふきとり、食器をタライにしばらくつけておけば、後はサッと洗うだけできれいになります。水はもとより洗剤も節約できます。アクリル100％の毛糸で**アクリルたわし**を作ってこすると、洗剤を使わなくても汚れがとれます。

❁ 洗濯は洗濯物と洗剤の量を適切にして

洗濯物は、ある程度まとめて洗うのが基本。少量だと水も電気も効率よく使うことができず、割高になります。逆に多すぎると洗浄力が落ちるので、**8割ほどをめやす**にしましょう。汚れがひどいと、ついつい洗剤を多く入れたくなりますが、多く入れても洗浄力は変わらないので分量を守ります。お風呂に入るときに、汚れた靴下や下着を部分洗いしておくときれいに洗えます。もちろん、お風呂の残り湯も有効に使いましょう。

❁ 20～25％がトイレの水

家庭で使う水の20～25％がトイレで使われています。節約の基本は、「**大**」と「**小**」の使い分けを徹底すること。水の量がかなり違うので、これだけでも大きな節水になります。

もっと大きな節水を期待するなら、やはり最新式のトイレに替えるという方法でしょうか。新式の節水型トイレは旧式に比べて、約3分の1の水で洗浄してくれるので、長い目でみると大きな節約効果が得られます。

電気代編

❀ 待機時消費電力をカット 年間で大きな節約

エアコンやテレビなど、離れたところからリモコンでスイッチをON・Offできる便利な機能。この機能のために、エアコンなどの本体は、常に電気が流れている状態になっています。この電力のことを「待機時消費電力」といい、**家庭の電気料金の約6％を占めています。**不在時や就寝時などにはコンセントを抜く習慣をつけたり、節電スイッチ付きのコンセントを使うのもよいでしょう。便利さと節約はウラハラ。生活の中でうまく折り合いをつけましょう。

❀ エアコンの設定温度は控えめに 適正な温度をこころがける

家電製品の中で多くの電気代がかかるエアコン。夏は２８度、冬は２０度が適正な温度設定とされているので、基準にしましょう。また、冷房時より暖房時のほうがより多くの電気代がかかります。冬に設定温度を上げ過ぎてはいませんか。**1度下げると、約１０％の節電**になります。それで寒いようなら重ね着をすると、**被服気候**といって重ねた服の間に空気の層ができて温かくなります。また、厚手の靴下を履くのも効果的です。

❀ 契約アンペアを下げて 基本料金から節約

住んでいる地域によって、システムも料金も少しずつ違いますが、電力の契約アンペア（A）の容量を変更することで、基本料金から節約することができます。一般的に1人暮らしなら２０～３０A。人数が多い家庭や同じ時間帯に電気をたくさん使う家庭なら４０～６０Aが目安です。ある電力会社では、１０A下げると１か月約２８０円の節約ができるようなので、気になる場合は、この機会に検討してみましょう。ただし、契約アンペアを下げると、すぐにブレーカーが落ちてしまうことになりかねないので、１０A以上の電力を消費する機器を、同時に複数個使わないといった工夫や対策が必要です。目安としては、電子レンジは約１５A、ドラム式洗濯乾燥機（乾燥時）は約１３A、アイロンは約１４Aを消費します。使っている機器の取扱説明書などをよく確認して、安全な使い方を心がけましょう。

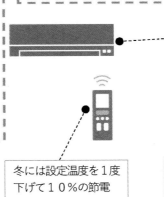

冬には設定温度を1度下げて１０％の節電

コンセントをさしたままにしておくと、待機時消費電力がかかります。節電スイッチ付コンセントがオススメ！

ガス代編

❀ ガス台バーナー口の掃除をしよう

長い間使っていると、ふきこぼれや炒め物の油分などでガス台やバーナーの口が汚れてきます。特にバーナーの口は汚れがつまると、その分ガスの通りが悪くなり、コンロの火が弱くなるので、火力を保つために余計なガス代がかかってしまいます。ガスの通りを良くして目詰まりを防ぐためには、**こまめな掃除が大切**。

❀ 水滴はしっかりと拭いてから底は平たく広いものを選んで

やかんや鍋を火にかけるとき、底に水滴がついていると、水分を蒸発させるために余分なエネルギーがかかってしまうので、**水分をふき取ってから火にかけるようにします**。また、底はなるべく平たく広いものを使うと効率よく熱せられます。**中火で鍋から炎がはみ出ないようにする**ことがポイント。

❀ 煮込み時間もガスも節約　余熱を上手に利用して調理

煮物など、長時間火にかけて調理するものは、煮込むほどおいしくなります。しかし、煮えるまでには時間もかかり、ガスも多く使ってしまいます。火にかけている時間を少しでも省くために、**ふたや落とし蓋をする習慣をつけましょう。**土鍋やホーローなど、保温性の高い鍋なら、十分に熱したら火からおろしてガスを止め、新聞紙で丸ごと包み、さらに厚手のバスタオルか毛布でくるめば、弱火でことこと煮込んだのと同じ効果があります。その間は火を気にせず、外出することもできます。ただし、食べる前にもう一度加熱することを忘れずに！

❀ お風呂保温グッズで効率よく続けて入る

毎日入るお風呂。家族が多ければ、その分追い炊きの回数も増えます。毎日3回の追い炊きを1回にすれば、それだけで大幅に節約することができます。お風呂に入るときはできるだけ短時間のうちに続けて入れば追い炊きを最小限にすることができます。それでも冬場などですぐに冷めてしまうときは、**浴槽保温グッズが効果的**。お湯の上に直接浮かべる保温シートなど、ホームセンターや百円ショップなどで売られています。

お湯の上にのせるだけ。お風呂の温度を保ってくれます。

家計管理術 成功への7か条

❶ 家計簿のイメージを捨てる

　家計簿は、使った結果を記録していきますが、その後はどうしていますか？　そこが問題なのです。記録して現状がわかったら、次のステップに進まなければ意味がありません。本書の家計管理術は、1か月間で今の状態を調べ、その後は、改善点を検討しながら予算を立てていきます。そしてその予算でとにかく実行してみます。

　ポイントは、最初の1か月間、がんばって現状を確認してみること。それをもとに改善プランを作って、封筒に分けてしまえば、後は細かい作業は必要ありません。実行あるのみです！

❷ 細かな数字にこだわらない

　「3円あわないよ〜」家計簿をつけている人から1円単位があわなくなったのがきっかけで、やめてしまったという声を聞きますが、家計管理ではそこまでこだわる必要はありません。それよりも、費目の偏りなど家計の大きな傾向を把握することが大切。"木を見て森を見ず"になっていませんか？

❸ 自分流のやり方を見つける

　封筒管理も1つの方法。でも、自分流のやりかたをぜひ見つけてください。封筒の分けかたを自分流にアレンジしてみるのもよし、スマホのアプリやパソコンを使って、いろいろ工夫してみるのもいいですね。

❹ ピンチの時こそ家族会議

　家計管理にとっては子どもも戦力です。「子どもからのアドバイスにドキッ！」なんてこともあるかもしれません。学校のエコ授業の成果でしょうか、意外とよいアイデアがでるかも。それに、**ピンチの時こそ、問題を共有してみんなで一緒に乗り切る**ことが大切です。家族の連帯感がものをいいます。ぜひ、家族会議を！

❺　節約に聖域なし

　聖域とは、「手を触れてはならない領域」ということですが、**家計の節約には聖域といったものはありません。**たとえば、教育費は絶対に削れない。はたしてそうでしょうか。たしかに子どもの将来を考えたとき、あれも大事、これも大事と考えるのはもっともなことです。でも、教育費にも優先順位があるので、段階をおって計画をたてることも大切。それに、収入の範囲で学費がねん出できないのなら進路変更も視野に入れたり、奨学金を検討することも必要かもしれません。少しの勇気も必要です。

❻　家計の生活習慣病を探す

　日々の暮らしの中で、習慣化してしまい、まずいと思いながらもそのままになっていることってありませんか？　たとえば、小さなことですが、"誰もいないのに部屋の電気がつけっぱなし"、"歯磨きのときの水の出しっぱなし"、"安売りだとどうしても買いすぎてしまい、結局は無駄にしてしまう"など。探してみるといろいろありそうです。これすべて"**家計の生活習慣病**"といえます。ちょっとした工夫や気持の持ち方で、かなり改善できることがあるのではないでしょうか。家計の生活習慣病、探してみましょう。

❼　いざというときのために使えるお金をとりあえず貯める

　収入が減っても生活が行き詰まらないように、「いざというときのお金」をあらかじめ貯金しておきましょう。どうしても日々の暮らしに流されてしまうと、「なんとかなるさ！」ってことになってしまいがち。そこで、その分を見越して**少し多めに先取り貯金をしましょう。**もちろん、節約で貯めたお金も大切ですし、嬉しいものですが、まず目標のお金を先取り貯金として、最初に7番目の封筒に入れてしまい、それ以外で予算を立てます。くれぐれも、借金でしのぐなんてことにならないよう注意したいものです。

自分流の封筒を作る

　本書の付録の封筒が使えなくなったら、巻末の「封筒管理シート」を使って新しい封筒を作ってみましょう。封筒（１１９mm×１９７mmの角８）７枚と、はさみ、糊を用意します。P.６８〜７４の封筒管理シートをコピーし、枠に沿ってシートを切り取ったら、それぞれの封筒に糊で貼って完成です。

　P.４７で紹介した透明ケースを使う場合は、封筒管理シートは台紙に貼ってケースの中に入れておきます。７番目の封筒のかわりに、貯金箱を使うのもよいでしょう。

　いろいろ工夫して、あなたにマッチした封筒管理の方法を探してください。

＜封筒の作り方＞

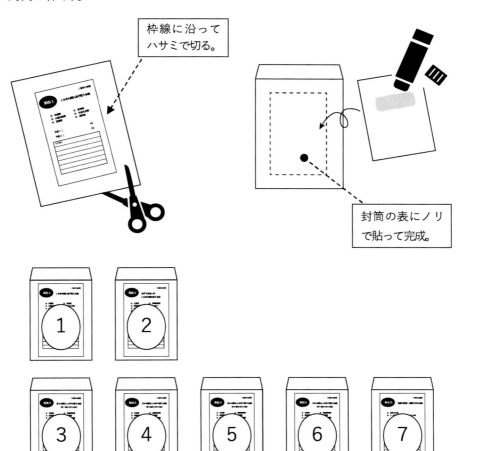

封筒管理シート

★　1番目の封筒

```
                                    1番目の封筒
  ┌─────┐
  │ 支出1 │   1か月の間に必ず使うお金
  └─────┘

      ☆　住居費        ☆　教育費
      ☆　水道光熱費    ☆　社会生活費
      ☆　通信費        ☆　返済金


   予算1（　　　　　　　　　　円）
   予算2（　　　　　　　　　　円）
```

<メモ>

※コピーをして使ってください

★ 2番目の封筒

2番目の封筒

支出2　必ずではないが
　　　　1か月の間に使うお金

☆ 主食費　　　　☆ 保健医療費
☆ 調味料費　　　☆ こづかい
☆ 日用雑貨費　　☆ 雑費
☆ 被服理美容費

予算1（　　　　　　　　　円）

予算2（　　　　　　　　　円）

<メモ>

※コピーをして使ってください

★　3番目の封筒

3番目の封筒

支出3　　日々の暮らしの中で使うお金

（第1週目に使うお金）

☆　外食費　　　　☆　教養娯楽費
☆　副食費　　　　☆　交際費
☆　嗜好食品費　　☆　活動交通費

予算1（　　　　　　　　　円）

予算2（　　　　　　　　　円）

<メモ>

※コピーをして使ってください

★　4番目の封筒

　　　　　　　　　　　　　　　　　　　　4番目の封筒

　支出3　　　日々の暮らしの中で使うお金
　　　　　　　　　（第2週目に使うお金）

　☆　外食費　　　　☆　教養娯楽費
　☆　副食費　　　　☆　交際費
　☆　嗜好食品費　　☆　活動交通費

　予算1（　　　　　　　　　円）
　予算2（　　　　　　　　　円）

　<メモ>
　| |
　| |
　| |
　| |
　| |

※コピーをして使ってください

★ 5番目の封筒

	5番目の封筒
支出3	**日々の暮らしの中で使うお金** （第3週目に使うお金）

☆ 外食費　　　☆ 教養娯楽費
☆ 副食費　　　☆ 交際費
☆ 嗜好食品費　☆ 活動交通費

予算1（　　　　　　　　　円）

予算2（　　　　　　　　　円）

<メモ>

※コピーをして使ってください

★　6番目の封筒

	6番目の封筒

支出3　　日々の暮らしの中で使うお金

（第4週目に使うお金）

☆　外食費　　　　☆　教養娯楽費
☆　副食費　　　　☆　交際費
☆　嗜好食品費　　☆　活動交通費

予算1（　　　　　　　　　円）

予算2（　　　　　　　　　円）

<メモ>

※コピーをして使ってください

★　7番目の封筒

	7番目の封筒
ゆとり	先取り貯金・節約できたお金

☆　先取り貯金
☆　1～6番目の封筒で節約できたお金

＜先取り貯金＞

予算1（　　　　　　　　　円）

予算2（　　　　　　　　　円）

＜メモ＞

※コピーをして使ってください

おわりに

　ライフマネー研究会は、各種講座への講師派遣及び書籍などを通して、お金の管理方法について、消費者の目線から様々な提案を行っています。本書は、その活動の一環として、先に発行した「やりくりべたのための家計管理術レッスン（２００７年）」、「封筒７枚！かんたん家計管理術（２００９年、ＰＨＰ研究所）」の２冊にさらに改訂を加え、より使いやすい内容に編集し直したものです。

　さて、本書をお読みいただきいかがだったでしょう。ここでは、お金の節約や管理の方法だけを紹介しているわけではありません。確かに私たちの生活にとってお金は重要ですが、多くのお金があることが幸せとは限りません。それよりも、限られた収入の中で、その有効な使い方について家族と共に知恵を絞りながら、将来を見据え、生き生きと毎日を楽しんで過ごすことができたら、豊で充実した生活が実現するのではないか、という提案をさせていただきました。あなたとあなたのまわりの人が素敵に生きていくための一助となることができれば幸いです。

ライフマネー研究会
島貫正人　鈴木佳江

編者・著者プロフィール

島貫正人（しまぬきまさと）
ファイナンシャルプランナー、産業カウンセラー、心理相談員
約20年にわたり多重債務者等への返済相談、家計管理支援業務に従事。2005年10月にライフマネー研究会を設立し、生活困窮者、知的・発達障害者向け金銭管理に関する講座を実施。ライフマネー研究会代表。

鈴木佳江（すずきよしえ）
専業主婦歴13年を経て、家庭科男女共修制の年から公立・私立の多くの高校で非常勤講師として勤務。現役の主婦であると同時に現役の家庭科教師。2005年10月、島貫と共にライフマネー研究会を設立。ライフマネー研究会主任講師。

ライフマネー研究会
生活保護受給者を対象とした家計管理プログラムの開発を主な目的として、2005年10月に設立した研究グループ。家計管理講座の実施を通じて、「収入の範囲内でのポジティブな節約生活」を提案している。2010年より「多重債務者問題からみた社会福祉のあり方研究会」と連携し、知的・発達障害者向けお金の管理方法に関する講座を実施。

＜著作＞
「やりくりべたのための家計管理術レッスン」（2007年6月）
「封筒7枚！かんたん家計管理術」（2009年4月　ＰＨＰ研究所）
発達障害者向け家計管理研修テキスト「初めての一人暮らしのためのリアル生活術」
知的障害者向けお金の管理研修テキスト「めざせかっこいいおとな」　他

やりくりべたのための **家計管理術**
2017年8月26日発行

編　者　ライフマネー研究会
著　者　島貫正人　鈴木佳江
発行所　ブックウェイ
　　　　〒670-0933　姫路市平野町62
　　　　TEL.079（222）5372
　　　　FAX.079（223）3523
　　　　http://bookway.jp
印刷所　小野高速印刷株式会社
©Masato Shimanuki & Yoshie Suzuki, 2017
Printed in Japan
ISBN978-4-86584-254-8

乱丁本・落丁本は送料小社負担でお取り換えいたします。
本書のコピー、スキャン、デジタル化等の無断複製は著作権法上での例外を除き禁じられています。本書を代行業者等の第三者に依頼してスキャンやデジタル化することは、たとえ個人や家庭内の利用でも一切認められておりません。